DISCLAIMER

The author and publisher are providing this book and its contents on an "as is" basis and make no representations or warranties of any kind with respect to this book or its contents. The author and publisher disclaim all such representations and warranties, including but not limited to warranties of merchantability. In addition, the author and publisher do not represent or warrant that the information accessible via this book is accurate, complete, or current.

Except as specifically stated in this book, neither the author nor publisher, nor any authors, contributors, or other representatives will be liable for damages arising out of or in connection with the use of this book. This is a comprehensive limitation of liability that applies to all damages of any kind, including (without limitation) compensatory; direct, indirect, or consequential damages; loss of data, income, or profit; loss of or damage to property; and claims of third parties.

This Book Comes With Free Bonus Puzzles
Available Here:

BestActivityBooks.com/WSBONUS20

5 TIPS TO START!

1) HOW TO SOLVE

The Puzzles are in a Classic Format:

- Words are hidden without breaks (no spaces, dashes, ...)
- Orientation: Forward & Backward, Up & Down or
  in Diagonal (can be in both directions)
- Words can overlap or cross each other

2) ACTIVE LEARNING

To encourage learning actively, a space is provided next to each word to write down the translation. The **DICTIONARY** allows you to verify and expand your knowledge. You can look up and write down each translation, find the words in the Puzzle then add them to your vocabulary!

3) TAG YOUR WORDS

Have you tried using a tag system? For example, you could mark the words which have been difficult to find with a cross, the ones you loved with a star, new words with a triangle, rare words with a diamond and so on...

4) ORGANIZE YOUR LEARNING

We also offer a convenient **NOTEBOOK** at the end of this edition. Whether on vacation, travelling or at home, you can easily organize your new knowledge without needing a second notebook!

5) FINISHED?

Go to the bonus section: **MONSTER CHALLENGE** to find a free game offered at the end of this edition!

Want more fun and learning activities? It's **Fast and Simple!**
An entire Game Book Collection just **one click away!**

Find your next challenge at:

BestActivityBooks.com/MyNextWordSearch

Ready, Set... Go!

Did you know there are around 7,000 different languages in the world? Words are precious.

We love languages and have been working hard to make the highest quality books for you. Our ingredients?

A selection of indispensable learning themes, three big slices of fun, then we add a spoonful of difficult words and a pinch of rare ones. We serve them up with care and a maximum of delight so you can solve the best word games and have fun learning!

Your feedback is essential. You can be an active participant in the success of this book by leaving us a review. Tell us what you liked most in this edition!

Here is a short link which will take you to your order page.

BestBooksActivity.com/Review50

Thanks for your help and enjoy the Game!

Linguas Classics Team

1 - Antiques

```
P O Q M C C D K O P R G O O
E O I V E C R U C E N A N I
O I H Y C H A A N B S N T W
V B P I D N Ž I E Ž U S N S
T F N R Š C B S N O M A A V
S T Q O E T A B A L E R G R
R A S L V O V T V A T K E E
A J T O B A H O A N N O L D
P I O N A K I T D T O T E N
I R L Q E Z Z I N Y S S A O
K E E I C N A V O K T L V S
K L T S O V O K A K W O M T
O A J T E L T E S E D G H R
E G E V Z I G N R N K V A M
```

UMETNOST	NAKIT
DRAŽBA	STAR
STOLETJE	CENA
KOVANCI	KAKOVOST
DESETLETJA	OBNOVA
OKRASNA	KIPARSTVO
ELEGANTNO	SLOG
POHIŠTVO	NENAVADNO
GALERIJA	VREDNOST
NALOŽBE	

2 - Food #1

```
A  Č  N  S  S  H  H  Š  P  I  N  A  Č  A
N  R  E  F  O  D  G  R  U  F  N  N  L  B
E  G  A  B  K  T  S  I  U  F  O  U  C  A
M  Y  B  Š  U  N  G  N  S  Š  L  T  I  Z
Č  W  B  M  I  L  O  S  O  H  K  S  M  I
E  R  U  T  D  D  A  J  L  Č  K  A  E  L
J  A  G  O  D  A  I  K  A  E  O  S  T  I
M  A  R  E  L  I  C  A  T  S  R  L  J  K
O  V  Y  T  I  A  R  A  A  E  E  A  U  A
K  Z  Y  R  H  P  E  A  E  N  N  D  H  C
E  H  Y  V  W  N  P  H  C  H  J  K  A  P
L  I  M  O  N  A  A  T  P  A  E  O  S  P
M  Y  T  W  I  Y  O  Q  U  I  Z  R  E  N
U  O  I  N  I  M  V  J  U  C  Y  U  O  E
```

MARELICA	ARAŠID
JEČMEN	HRUŠKA
BAZILIKA	SOLATA
KORENJE	SOL
CIMET	JUHA
ČESEN	ŠPINAČA
SOK	JAGODA
LIMONA	SLADKOR
MLEKO	TUNA
ČEBULA	REPA

3 - Farm #2

```
P  G  U  G  Q  A  Y  Z  T  L  G  S  Ž  J
Š  Y  H  R  A  N  A  I  S  A  U  A  I  A
E  R  A  I  V  Z  T  C  E  M  H  D  V  G
N  Z  B  T  A  J  U  I  A  A  G  O  A  N
I  S  W  S  J  L  Y  R  T  Z  M  V  L  J
C  J  R  A  N  S  K  R  O  R  L  N  I  E
A  G  A  P  E  C  V  O  G  K  E  J  M  T
J  L  C  A  L  B  N  T  I  S  K  A  Q  I
K  E  A  G  E  N  V  K  G  O  O  K  N  N
P  M  Č  I  Z  T  R  A  V  N  I  K  T  A
U  I  E  M  H  L  P  R  S  A  D  J  E  F
K  O  I  T  E  B  I  T  D  P  A  N  J  A
D  A  P  E  J  N  E  D  E  K  S  E  Y  G
S  S  M  Z  N  A  M  A  K  A  N  J  E  K
```

ŽIVALI	JAGNJETINA
JEČMEN	LAMA
SKEDENJ	TRAVNIK
PANJ	MLEKO
KORUZA	SADOVNJAK
RACA	OVCE
KMET	PASTIR
HRANA	TRAKTOR
SADJE	ZELENJAVA
NAMAKANJE	PŠENICA

4 - Books

```
Z  B  L  C  F  R  O  M  A  N  K  A  I  R
G  I  K  S  P  E  F  S  G  C  J  V  Z  E
O  R  C  N  O  N  S  I  P  Z  S  I  N  L
D  S  T  M  E  S  E  P  P  G  E  D  A  E
O  Y  R  V  Z  Z  U  G  K  O  R  V  J  V
V  W  A  F  I  L  B  F  W  D  I  O  D  A
I  Y  G  H  J  J  I  E  B  J  J  L  N
N  N  I  G  A  O  L  T  R  A  A  N  J  T
S  R  Č  J  Y  F  I  A  E  K  C  O  I  N
K  B  N  A  R  T  S  P  Š  R  A  S  V  O
I  H  O  T  E  Q  E  P  M  O  A  T  M  W
C  A  V  T  O  R  T  C  E  L  A  R  B  H
K  O  N  T  E  K  S  T  E  Q  E  H  N  T
P  U  S  T  O  L  O  V  Š  Č  I  N  A  O
```

PUSTOLOVŠČINA	ROMAN
AVTOR	STRAN
ZBIRKA	PESEM
KONTEKST	POEZIJA
DVOJNOST	BRALEC
EPSKI	RELEVANTNO
ZGODOVINSKI	SERIJA
ŠALJIV	ZGODBA
IZNAJDLJIV	TRAGIČNO
LITERARNO	PISNO

5 - Meditation

```
O C M L R G Z I N O M N P M
G P I T U M I G A O A A E I
Q O R O D Y G B N W K R R R
T Z E M Z A B S A L G A S E
C Q N E D U B A F N Z V P W
P R I J A Z N O S T J A E P
G U T E D U Š E V N O E K O
Y Z R R N A V A D E P S T Z
N O K P D I H A N J E O I O
J N T S O N S A J A U Č V R
H V A L E Ž N O S T M U A N
Č U S T V A N I Š I T T U O
W M I S L I C I H G G J D S
M D S P U E H M M U I E G T
```

SPREJEM	PRIJAZNOST
POZORNOST	DUŠEVNO
BUDEN	UM
DIHANJE	GIBANJE
MIREN	GLASBA
JASNOST	NARAVA
SOČUTJE	MIR
ČUSTVA	PERSPEKTIVA
HVALEŽNOST	TIŠINA
NAVADE	MISLI

6 - Days and Months

```
N O V E M B E R H M T V Y I
S E P T E M B E R G A L Z Z
E A S O B O T A A Q A R R K
E J I L U J J M L J Y R E P
F L I R P A E S R K J S I C
T E J Q D G H C A K A S E O
E D B K E J L E D E N O P K
D E C R Č O P S E R U O F T
E N U V U E H E L O A S K O
N L E T O A T M O T R Z M B
S D N P B D R R K T I D N E
F D P E T E K H T K S R M R
Z U P S D R W N N E T T C H
F U T R T S U G V A K E F A
```

APRIL
AVGUST
KOLEDAR
FEBRUAR
PETEK
JANUAR
JULIJ
MAREC
PONEDELJEK
MESEC

NOVEMBER
OKTOBER
SOBOTA
SEPTEMBER
NEDELJA
ČETRTEK
TOREK
SREDA
TEDEN
LETO

7 - Energy

```
T  L  O  B  A  T  E  R  I  J  A  O  T  E
W  P  A  R  A  S  J  C  W  P  N  N  O  L
E  N  T  R  O  P  I  J  A  F  I  E  P  E
O  B  N  O  V  L  J  I  V  M  B  S  L  K
D  I  Z  E  L  B  V  C  W  O  R  N  O  T
I  N  D  U  S  T  R  I  J  A  U  A  T  R
M  N  E  H  O  V  I  R  O  G  T  Ž  A  I
V  O  M  L  A  G  R  E  T  E  V  E  G  Č
F  T  T  E  E  A  L  E  Y  H  O  V  O  N
F  O  C  O  A  K  V  J  U  R  D  A  K  I
M  F  E  N  R  H  T  P  I  N  I  N  O  N
J  E  D  R  S  K  O  R  U  K  K  J  L  G
G  J  B  E  N  C  I  N  O  G  S  E  J  V
S  K  R  A  Q  L  V  O  M  N  T  O  E  R
```

BATERIJA	VODIK
OGLJIK	INDUSTRIJA
DIZEL	MOTOR
ELEKTRIČNI	JEDRSKO
ELEKTRON	FOTON
ENTROPIJA	ONESNAŽEVANJE
OKOLJE	OBNOVLJIV
GORIVO	PARA
BENCIN	TURBINA
TOPLOTA	VETER

8 - Archeology

```
L K V N U H P K K A D T F D
R S C A G K Y O A H E S O A
E E A C O N M E Z G G O S J
O K N I T S O K I A B N I I
E I T N O C T U L R B V L C
I P I B V I I I A E V I A A
T A K O I P N B N O K R L Z
N E A R T D L C A N P K N I
E N M G V H C U A H I S Y L
M I D P E Q P O T O M E C I
G E J N E T O N D E R V R V
A Y D I V L N E Z N A N O I
R Q N L L O J I Z H D I O C
F R A Z I S K O V A L E C J
```

ANALIZA
ANTIKA
KOSTI
CIVILIZACIJA
POTOMEC
ERA
VREDNOTENJE
UGOTOVITVE
POZABILI

FOSIL
FRAGMENTI
SKRIVNOST
RAZISKOVALEC
EKIPA
TEMPELJ
GROBNICA
NEZNANO

9 - Food #2

```
Č  E  Š  N  J  A  P  R  N  I  S  I  B  V
E  D  J  G  B  K  Š  E  D  T  W  O  N  G
V  C  A  B  W  O  E  B  R  O  K  O  L  I
I  I  J  O  G  Č  N  R  R  I  B  E  Z  V
V  W  Č  A  V  I  I  I  M  B  J  F  W  I
H  T  E  D  J  T  C  Ž  P  A  H  Q  W  K
P  F  V  A  C  R  A  O  E  N  N  A  F  K
J  P  E  L  H  A  C  E  N  A  Č  Š  I  P
S  A  C  O  F  K  C  B  H  N  K  G  O  G
Y  I  B  K  I  N  Ž  I  D  A  R  A  P  O
E  E  R  O  Q  U  G  R  O  Z  D  J  E  B
G  A  P  Č  L  Š  V  U  G  A  A  B  G  A
O  D  U  Z  A  K  Z  E  L  E  N  A  W  H
K  G  T  R  U  G  O  J  K  T  E  E  L  L
```

JABOLKO	JAJČEVEC
ARTIČOKA	RIBE
BANANA	GROZDJE
BROKOLI	ŠUNKA
ZELENA	KIVI
SIR	GOBA
ČEŠNJA	RIŽ
PIŠČANEC	PARADIŽNIK
ČOKOLADA	PŠENICA
JAJCE	JOGURT

10 - Chemistry

```
E  M  N  O  G  L  J  J  I  K  D  B  A  V  I
N  I  O  E  W  O  O  B  F  A  M  L  O  E
C  N  R  L  Z  S  K  E  M  R  V  K  D  B
I  I  T  M  E  B  U  S  I  U  R  A  I  O
M  S  K  T  I  K  S  M  O  T  A  L  K  D
D  O  E  O  E  N  U  R  A  A  T  N  B  I
Q  K  L  P  M  Ž  I  L  D  R  O  A  O  O
C  K  E  K  D  N  A  A  A  E  L  L  R  N
T  E  K  O  Č  I  N  A  Z  P  P  S  G  H
D  Q  Y  T  K  L  O  R  S  M  O  Y  A  O
A  D  O  L  B  P  C  J  T  E  T  S  N  Z
U  R  O  T  A  Z  I  L  A  T  A  K  S  B
E  O  U  V  A  J  E  D  R  S  K  O  K  H
K  I  S  L  I  N  A  D  D  K  I  S  I  K
```

KISLINA	VODIK
ALKALNA	ION
ATOMSKI	TEKOČINA
OGLJIK	MOLEKULA
KATALIZATOR	JEDRSKO
KLOR	ORGANSKI
ELEKTRON	KISIK
ENCIM	SOL
PLIN	TEMPERATURA
TOPLOTA	TEŽA

11 - Music

```
K M G L A S B E N I U C F F
L I S N E M A N J E A Q E W
A K Y A K Q Z C W A J M B A
S R B B E K L E K T I Č N O
I O R A S D G V G R N I L N
Č F I R L I P E L W O N I Č
N O T W I A F P A M M S R I
A N M O H T D S S E R T I N
R T I L P S E A B L A R Č O
P S Č C I E V M E O H U N M
A N E R F E R U N D E M O R
I L N P E F R A I I E E L A
P O E T I Č N O K J F N M H
P E T I A L B U M A K T J L
```

ALBUM	MIKROFON
BALADA	GLASBENI
REFREN	GLASBENIK
KLASIČNA	OPERA
EKLEKTIČNO	POETIČNO
HARMONIČNO	SNEMANJE
HARMONIJA	RITEM
INSTRUMENT	RITMIČEN
LIRIČNO	PETI
MELODIJA	PEVEC

12 - Family

```
M A K K S L B K H O M Z O P
A G L R L Z R C M Č Z N Č A
T A J N I K A Č E N I A E T
E F P S S G T P B P T H T E
R D A R T S E S D N A R O T
N H M R R M O Ž E W M T V A
A V V G I C O R T O W B S L
M Y J Y C O T R O K V T K G
N U O T R O Š T V O Ž N I B
D A O K O Č E H F H E V U B
C E N A R T A R B C N H T K
H P D Č I F N R P R A D K Z
R C C E D S R T J L K E J W
H T U N K P R E D N I K F O
```

PREDNIK   VNUK
TETA   MOŽ
BRAT   MATERNA
OTROK   MATI
OTROŠTVO   NEČAK
OTROCI   NEČAKINJA
BRATRANEC   OČETOVSKI
HČI   SESTRA
OČE   STRIC
DEDEK   ŽENA

13 - Farm #1

```
W D Z Z D S P H Z Z M M L E
M A Č K A Y I O U U E A U D
R L Z F H J Š I P L B F W V
S E P O S F Č O G R A J A O
U B D F K D A C K O O D N D
M E J L O P N O Z I B M E A
I Č N M E D E R I C T E M H
G D O O F R C B I E O N E S
Y I K P S B Y T O Ž T R S A
C T E L E E V R A N A F N B
K R A V A K L G N O J I L O
K M E T I J S T V O Y J F E
Q K R B M S O T C T V L S O
V U B E B M V J N W I S I W
```

KMETIJSTVO	OGRAJA
ČEBELA	GNOJILO
BIZON	POLJE
TELE	KOZA
MAČKA	SENO
PIŠČANEC	MED
KRAVA	KONJ
VRANA	RIŽ
PES	SEMENA
OSEL	VODA

14 - Camping

```
K  B  Q  A  D  B  A  O  T  O  V  D  P  Ž
U  C  S  Z  R  A  V  A  R  A  N  V  O  U
H  S  B  L  E  P  G  Z  O  E  H  I  Ž  Ž
K  Y  R  T  V  Q  I  Z  T  Q  Z  S  A  E
U  O  Q  P  E  U  T  Ž  O  C  M  E  R  L
B  O  M  T  S  F  T  I  Š  W  U  Č  J  K
O  U  P  P  A  O  G  V  R  V  H  A  Z  E
L  V  I  H  A  H  O  A  R  O  G  M  E  Y
K  S  L  S  N  S  Z  L  N  L  R  R  L  B
Y  L  W  S  I  O  D  I  V  U  S  E  A  U
J  J  R  V  B  U  J  J  C  K  L  Ž  K  S
D  U  O  Z  A  A  O  N  V  A  B  A  Z  I
S  J  R  J  K  E  B  Y  H  N  L  Z  B  A
Z  E  M  L  J  E  V  I  D  U  J  E  V  Y
```

ŽIVALI	ŽUŽELKE
KABINA	JEZERO
KANU	ZEMLJEVID
KOMPAS	LUNA
POŽAR	GORA
GOZD	NARAVA
ZABAVNO	VRV
VISEČA MREŽA	ŠOTOR
KLOBUK	DREVESA
LOV	

15 - Algebra

```
L U D R S T N E N O P S K E
E I L P R O B L E M L F G J
Š F N O O Y S M F A R G Y N
T O D E M K E T A D O D T A
E R J Y A E H U K R C D V V
V M S V U R K W T E G P E E
I U E N Č I N P O K F A T T
L L M S L L Q O R M Z H I Š
K A N E S K O N Č N O D Š D
A D G O M E N A Č B A W E O
P O E N O S T A V I T I R D
S P R E M E N L J I V K A Z
O K L E P A J M A T R I C A
G T M P E N Y N A P A Č N O
```

DODATEK	LINEARNO
DIAGRAM	MATRICA
ENAČBA	ŠTEVILKA
EKSPONENT	OKLEPAJ
FAKTOR	PROBLEM
NAPAČNO	POENOSTAVITI
FORMULA	REŠITEV
ULOMEK	ODŠTEVANJE
GRAF	SPREMENLJIVKA
NESKONČNO	NIČ

16 - Numbers

```
Y  Y  I  T  Q  F  G  D  E  T  D  J  D  T
W  B  P  R  O  P  C  V  N  F  C  D  A  F
T  N  F  I  N  J  Z  A  A  Š  E  E  Z  J
S  R  T  N  L  T  B  J  U  T  E  V  E  D
J  D  I  A  A  N  S  S  I  I  O  S  E  M
A  V  D  J  M  Q  V  E  L  R  P  J  O  D
N  A  E  S  I  R  I  T  Š  I  Y  T  J  K
T  N  S  T  C  T  S  J  A  N  M  E  S  O
E  A  E  H  E  Y  M  B  M  A  E  D  M  W
P  J  T  B  D  M  P  F  N  J  D  V  D  V
T  S  J  A  N  M  E  D  E  S  E  A  N  I
O  T  N  M  T  S  J  A  N  T  S  E  Š  I
S  D  P  R  N  O  M  P  J  P  E  T  M  U
I  S  D  E  V  E  T  N  A  J  S  T  P  V
```

DECIMALNO
OSEM
OSEMNAJST
PETNAJST
PET
ŠTIRI
ŠTIRINAJST
DEVET
DEVETNAJST
ENA

SEDEM
SEDEMNAJST
ŠEST
ŠESTNAJST
DESET
TRINAJST
TRI
DVANAJST
DVAJSET
DVA

17 - Spices

```
K  C  I  S  P  B  V  D  J  B  Č  B  R  N
O  G  R  U  L  A  V  K  N  S  E  P  E  P
R  D  Y  I  T  A  P  I  B  B  S  N  M  O
I  Z  M  O  M  A  D  R  A  K  E  J  B  P
A  O  K  U  S  G  J  K  I  F  N  A  C  E
N  L  G  R  E  N  K  O  O  K  G  N  I  R
D  S  K  U  M  I  N  A  T  H  A  E  M  K
E  I  J  Z  C  U  R  R  Y  M  L  Ž  E  U
R  K  N  H  P  I  H  P  S  L  U  Y  T  R
G  Z  A  M  R  R  N  O  O  P  B  D  P  K
K  O  R  O  M  A  Č  G  L  R  E  F  A  U
P  G  F  V  O  N  F  C  V  G  Č  V  H  M
V  K  A  P  U  E  A  Z  M  E  S  F  E  A
N  W  Ž  F  C  W  P  O  N  F  R  P  N  P
```

JANEŽ	INGVER
GRENKO	ČEBULA
KARDAMOM	PAPRIKA
CIMET	POPER
KORIANDER	ŽAFRAN
KUMINA	SOL
CURRY	KISLO
KOROMAČ	SLADKO
OKUS	KURKUMA
ČESEN	

18 - Universe

```
O P K A M E T L U N A N Z A R
R C O L T T K U K K Y E M S
B H Z K R M A V N V L B J T
I O M P S Q O P A V G O I R
T D I O R E T S A T Y H C O
A T Č P K T L G F N O P I N
V V N F Q N K E M E A R T O
I K O A Y I Z J T M R N S M
D P O L O B L A Q S W A L I
N S Q F O V E J R O Z B O J
O A S T R O N O M N E R S A
G A L A K S I J A Č O V E W
Z O D I A K N E F N N D Y J
N A G I B D Y J H I A Q I N
```

ASTEROID	OBZORJE
ASTRONOM	LUNA
ASTRONOMIJA	ORBITA
ATMOSFERA	NEBO
KOZMIČNO	SONČNI
TEMA	SOLSTICIJ
EON	TELESKOP
EKVATOR	NAGIB
GALAKSIJA	VIDNO
POLOBLA	ZODIAK

19 - Mammals

```
R G U E M Z Z Y K O V O L K
R L O U A D Q F O E H S I I
E Q E R E B O B J R V S S B
U G U V I M N C O U P S T A
V R P H D L P W T C E J A Z
O L T N S O A N O L S D S B
P U E M K M E D V E D D G K
I L N E E Ž B K N A G K O
C L L Z N A I N I F L E D N
A I D E G L R O T Y L K O J
K S G B U R A I V T Z T K A
Č I B R R W F E U C R M J L
A C J A U J A Y W V E T E M
M A O B B N L H U D E E W W
```

MEDVED	GORILA
BOBER	KONJ
BIK	KENGURU
MAČKA	LEV
KOJOT	OPICA
PES	ZAJEC
DELFIN	OVCE
SLON	KIT
LISICA	VOLK
ŽIRAFA	ZEBRA

20 - Restaurant #1

```
P  S  O  H  O  K  A  J  I  G  R  E  L  A
R  K  M  B  S  R  M  A  E  B  F  B  Y  Č
T  L  A  L  M  F  D  C  Z  S  V  R  Q  Š
I  E  K  A  C  I  D  A  L  S  T  Z  J  O
Č  D  A  G  S  H  Y  H  U  R  Y  I  K  L
E  A  V  A  K  E  U  V  E  J  K  N  U  P
K  I  W  J  Z  R  S  C  Y  R  Q  E  H  V
V  Ž  O  N  A  T  U  T  R  Q  U  M  I  N
M  J  D  I  Č  Y  N  H  A  Q  H  G  N  M
T  L  Q  K  I  M  P  B  N  V  Q  P  J  E
O  P  N  T  N  W  N  C  A  C  I  W  A  S
R  V  O  U  J  D  K  H  R  I  J  N  R  O
Q  N  Z  Q  E  B  U  J  H  A  M  C  E  G
K  R  C  E  N  A  Č  Š  I  P  V  Z  C  A
```

ALERGIJA	KUHINJA
SKLEDA	NOŽ
KRUH	MESO
BLAGAJNIK	MENI
PIŠČANEC	PRTIČEK
KAVA	PLOŠČA
SLADICA	OMAKA
HRANA	ZAČINJEN
SESTAVINE	JESTI

21 - Bees

```
Q Ž U Ž E L K E H M I D F O
Z W R Z W C A G C S D R T I
L H A O T T A T I B A H W O
E A S M Z E C N O S W U R W
Z R T E E M I H Q T D E M V
S P L E G E J T E V C I Z B
O I I N Q T L N R T N Z M J
N N N V A S A N A R H J A F
T T E L J I R C V P R R Y I
S E R A A S K V O S E K S E
I V V T J O R V S V R T A G
R C N C Z K G Y R B H O D T
O P R A Š E V A L E C N J G
K R A Z N O L I K O S T E T
```

KORISTNO	MED
CVET	ŽUŽELKE
RAZNOLIKOST	RASTLINE
EKOSISTEM	CVETNI PRAH
CVETJE	OPRAŠEVALEC
HRANA	KRALJICA
SADJE	DIM
VRT	SONCE
HABITAT	ROJ
PANJ	VOSEK

22 - Weather

```
T  A  R  E  F  S  O  M  T  A  P  V  W  P
O  Č  T  J  B  U  K  M  H  N  K  E  Z  O
R  M  I  R  B  Š  L  N  O  M  Q  T  I  D
N  A  K  R  O  A  V  N  P  N  U  E  H  N
A  T  P  H  T  D  G  U  A  Q  S  R  N  E
D  H  I  E  I  E  Q  K  W  E  Q  U  Y  B
O  I  S  L  E  L  V  G  R  O  M  Q  N  J
O  V  T  E  M  P  E  R  A  T  U  R  A  E
B  E  T  R  O  P  S  K  I  L  T  E  F  A
L  N  K  T  P  O  L  A  R  N  I  K  T  Z
A  T  E  S  T  M  E  G  L  A  V  S  W  L
K  N  F  B  U  Y  S  M  A  V  R  I  C  A
S  U  H  A  O  H  O  Z  D  N  R  E  H  D
P  K  Z  H  O  Z  D  V  H  G  L  D  W  I
```

ATMOSFERA	MONSUN
VETRIČ	POLARNI
PODNEBJE	MAVRICA
OBLAK	NEBO
SUŠA	NEVIHTA
SUHA	TEMPERATURA
MEGLA	GROM
ORKAN	TORNADO
LED	TROPSKI
STRELE	VETER

23 - Adventure

```
P R E S E N E T L J I V O T
V O N D A V A N E N C B N E
A N M D E T E L Z I Q C R Ž
R S W M U G O P P A O O A A
N P P C A B E P K T Q B V V
O R N A V D U Š E N J E E N
S I N O V O C R D L C R N O
T L M N A R A V A P C C V S
I O P R I J A T E L J I E T
Z Ž N A V I G A C I J A S W
Z N I T I N E R A R L P E S
I O P R I P R A V A I P L T
V S V Z S K V D D T C T J U
I T S O N V I T K A Q I E V
```

AKTIVNOST	PRIJATELJI
LEPOTA	ITINERAR
POGUM	VESELJE
IZZIVI	NARAVA
PRILOŽNOST	NAVIGACIJA
NEVARNO	NOVO
CILJ	PRIPRAVA
TEŽAVNOST	VARNOST
NAVDUŠENJE	PRESENETLJIVO
IZLET	NENAVADNO

24 - Circus

```
O N R A L U K A T K E P S P
Ž I V A L I M L Z W Z C G R
G L A S B A I N O Š O T O R
A K R O B A T Q B V Q Z K E
O P I C A J A K A E N S F G
Ž S U R D I V R K L O Q T I
H O U W T G A M S A L W G T
N L N M H A B F W O S R T Z
B P V G H M A K O S T U M W
A P A E L K Z H J H N H W F
L K I R T E G L E D A L E C
O W D N A Z R E I G N Y W J
N Z J Y T D Č A R O V N I K
I B E J I R A K D A L S C I
```

AKROBAT	MAGIJA
ŽIVALI	ČAROVNIK
BALONI	OPICA
SLADKARIJE	GLASBA
KLOVN	PARADA
KOSTUM	SPEKTAKULARNO
SLON	GLEDALEC
ZABAVATI	ŠOTOR
ŽONGLER	TIGER
LEV	TRIK

25 - Restaurant #2

```
R E Z A N C I S G M K I K M
P Y Z W G R I B E D J G P F
G L F H P J I Q G J L I S R
S A D J E U T O K Y Z B I C
J Z P A V A J N E L E Z R B
M D A C I L Ž Č V O O P B A
J A J J S A C I I S C Y V N
Z T R A N T E L L G U N H P
P A E J I A A D I B H K E I
U L Č C L H T O C U S O I J
Y O E I S U R A E Y T S W A
U S V D M J O D K S O I P Č
K A I Z T B T O F A L L O A
V A G M K M E V C A R O I U
```

PIJAČA	KOSILO
TORTA	REZANCI
STOL	SOLATA
ODLIČNO	SOL
VEČERJA	JUHA
JAJCA	ZAČIMBE
RIBE	ŽLICA
VILICE	ZELENJAVA
SADJE	NATAKAR
LED	VODA

26 - Geology

```
K  R  E  M  E  N  H  F  L  V  M  J  H  O
J  Z  O  Q  B  F  F  Y  C  U  I  Q  I  L
K  O  R  A  L  E  L  Q  L  L  N  B  L  O
K  R  I  S  T  A  L  I  I  K  E  P  B  D
F  N  W  E  S  W  O  C  N  A  R  T  V  P
P  G  C  G  A  M  S  I  K  N  A  I  T  C
N  O  A  Y  L  C  Q  K  A  D  L  T  F  K
W  Y  T  K  P  Y  J  L  M  N  I  K  S  T
I  S  S  R  S  F  I  I  E  F  I  A  T  A
R  I  Z  J  E  G  C  T  N  A  L  L  Z  E
P  L  A  T  O  S  L  F  E  M  A  A  E  S
E  R  O  Z  I  J  A  Y  O  C  V  T  D  C
F  O  S  I  L  S  K  L  M  S  A  S  P  Z
V  O  T  L  I  N  A  N  I  L  S  I  K  Y
```

KISLINA	GEJZIR
KALCIJ	LAVA
VOTLINA	PLAST
CELINA	MINERALI
KORALE	PLATO
KRISTALI	KREMEN
CIKLI	SOL
POTRES	STALAKTIT
EROZIJA	KAMEN
FOSIL	VULKAN

27 - House

```
Z  P  C  P  A  I  V  Z  T  Y  N  M  G  S
A  L  T  R  V  E  J  R  H  M  K  E  G  V
V  B  G  A  R  A  Ž  A  A  I  O  T  B  E
E  P  O  H  I  Š  T  V  O  T  U  L  D  T
S  M  Q  S  T  O  M  R  M  U  A  A  O  I
E  K  U  H  I  N  J  A  L  L  R  Y  L  L
S  C  F  V  P  K  T  U  Š  N  I  M  A  K
U  T  U  T  Y  O  O  E  Q  W  Q  Y  D  A
G  S  R  P  O  D  S  T  R  E  Š  J  E  T
I  R  V  E  D  I  Y  E  K  A  W  S  L  I
D  F  J  M  H  Z  M  H  V  B  L  W  G  P
I  H  C  P  V  A  J  A  R  G  O  G  O  K
E  V  K  N  J  I  Ž  N  I  C  A  M  T  E
T  P  Z  K  H  I  R  F  A  P  D  I  E  E
```

PODSTREŠJE	TIPKE
METLA	KUHINJA
ZAVESE	SVETILKA
VRATA	KNJIŽNICA
OGRAJA	OGLEDALO
KAMIN	STREHA
TLA	SOBA
POHIŠTVO	TUŠ
GARAŽA	ZID
VRT	OKNO

28 - Physics

```
P A J W F M F O R M U L A U
P L W A K R E E N Y D Z T N
O U I S A O E H S P H W O I
S K N N O T A K A S A M T V
P E J B S O E N V N J N S E
E L O S B M U A E E I P O R
Š O A T O M O O T W N K G Z
E M A K P Y Z N I P C C A A
K V E U W O K S R D E J A L
E L E K T R O N I V L K D N
H I T R O S T I Š I E F J O
M A G N E T I Z E M D J P R
K E M I K A L I J A Q O M N
R E L A T I V N O S T G L E
```

POSPEŠEK	PLIN
ATOM	MAGNETIZEM
KAOS	MASA
KEMIKALIJA	MEHANIKA
GOSTOTA	MOLEKULA
ELEKTRON	JEDRSKO
MOTOR	DELEC
ŠIRITEV	RELATIVNOST
FORMULA	UNIVERZALNO
FREKVENCA	HITROST

29 - Shapes

```
H O R M D V N H V R S O Č P
P R I Z M O O Z M W F V R R
P O U O J Q G G U W E A T A
U I U D N R I O A J R L A V
W W R W C U L R G L A N L O
F M N A I K O K S E K A O K
V U Q O M L P L T P R I B O
V A L J V I W N R A I W R T
S T O Ž E C D J A R V D E N
S P F F R Z Y A N O U J P I
Z F M E L I P S A B L G I K
K V A D R A T V L O J B H K
G O V Y Z A W B N V A I C S
S Q L K O C K A H I C Y M Y
```

LOK
KROG
STOŽEC
VOGAL
KOCKA
KRIVULJA
VALJ
ROBOVI
ELIPSA
HIPERBOLA

ČRTA
OVALNA
POLIGON
PRIZMO
PIRAMIDA
PRAVOKOTNIK
STRAN
SFERA
KVADRAT

30 - Scientific Disciplines

```
K  E  M  I  J  A  A  Q  A  V  T  B  R  J
M  V  D  Y  B  E  J  F  J  W  P  I  N  R
V  A  P  B  G  J  I  V  I  G  O  O  T  J
B  J  Z  I  Q  E  M  O  G  K  Y  L  H  E
E  I  A  J  I  G  O  L  O  I  C  O  S  Z
K  G  O  J  U  K  T  L  L  Y  Y  G  D  I
O  O  A  K  I  N  A  T  O  B  T  I  J  K
L  L  D  D  E  Q  N  M  N  G  G  J  Y  O
O  O  T  J  W  M  A  B  U  J  I  A  T  S
G  R  R  U  A  Q  I  M  M  W  Q  J  G  L
I  V  S  P  W  H  A  J  I  C  K  Q  A  O
J  E  C  R  A  K  I  N  A  H  E  M  S  V
A  N  A  S  T  R  O  N  O  M  I  J  A  J
A  R  H  E  O  L  O  G  I  J  A  F  T  E
```

ANATOMIJA	EKOLOGIJA
ARHEOLOGIJA	GEOLOGIJA
ASTRONOMIJA	IMUNOLOGIJA
BIOKEMIJA	JEZIKOSLOVJE
BIOLOGIJA	MEHANIKA
BOTANIKA	NEVROLOGIJA
KEMIJA	SOCIOLOGIJA

31 - Science

```
L  D  D  R  Q  J  Z  G  P  L  P  V  K  W
O  R  G  A  N  I  Z  E  M  O  O  Q  V  Y
K  E  N  Q  U  G  D  K  Q  F  S  Q  D  D
M  F  Z  N  U  L  G  A  F  B  G  K  L  T
E  I  C  L  E  D  M  Z  T  B  Q  K  U  K
T  Z  M  P  N  D  B  A  T  O  M  E  M  S
O  I  I  O  I  E  H  V  R  V  K  M  O  H
D  K  N  D  L  J  F  A  D  Y  C  I  L  I
A  A  E  N  T  S  O  R  Z  T  A  K  E  P
P  A  R  E  S  T  S  A  D  C  Y  A  K  O
W  L  A  B  A  V  I  N  Y  S  M  L  U  T
H  Q  L  J  R  O  L  J  R  R  W  I  L  E
T  G  I  E  P  O  D  A  T  K  I  J  E  Z
E  V  O  L  U  C  I  J  A  Y  B  A  I  A
```

ATOM
KEMIKALIJA
PODNEBJE
PODATKI
EVOLUCIJA
POSKUS
DEJSTVO
FOSIL
HIPOTEZA

METODA
MINERALI
MOLEKULE
NARAVA
ORGANIZEM
DELCI
FIZIKA
RASTLINE

32 - Beauty

```
P Q E F P V O Z J B J M L R
E F J D P E G E F T Y H I V
J W R G F V L F S D P K Č F
S C A K I T E M Z O K M I E
E B K C H I D G A K K A L I
N L Š O K R A P B N S S A Z
Z A E T S O L I M Z O K B D
L P W G T T O R Č T G A J E
B F I R A S L D I A G R N L
I E Z I T N W O L B R A Q K
D I Š A V A T K N Z A J L O
Š A M P O N N N N E Ž R Q V
W O N Č I N E G O T O F V P
Š M I N K A O E F S K I G A
```

ČAR   MASKARA
BARVA   OGLEDALO
KOZMETIKA   OLJA
KODRI   FOTOGENIČNO
ELEGANTNO   IZDELKOV
DIŠAVA   ŠKARJE
MILOST   STORITVE
ŠMINKA   ŠAMPON
LIČILA   KOŽA

33 - To Fill

```
P  L  A  D  E  N  J  P  N  A  I  W  O  Y
K  F  A  M  P  V  Y  T  R  N  E  T  L  V
U  I  C  Q  Z  A  B  O  J  E  O  E  I  A
G  A  I  K  O  Š  A  R  A  Z  D  K  V  A
P  K  N  Z  B  U  Z  L  R  A  I  A  O  D
P  A  E  A  L  T  A  K  Š  B  V  P  L  Z
L  B  L  B  T  W  V  Z  C  V  J  N  P  M
F  B  K  R  A  V  W  Z  E  T  L  Ž  V
H  T  E  O  R  D  E  V  K  R  S  V  E  M
W  O  T  T  V  E  L  K  S  M  N  G  P  A
C  W  S  M  N  Č  F  Z  J  L  V  F  T  P
Q  E  U  S  O  D  E  P  A  B  S  V  O  A
J  P  V  G  Y  A  J  K  R  A  J  B  D  O
V  F  F  D  N  K  O  V  O  J  N  I  C  A
```

TORBA	MAPA
SOD	JAR
BAZEN	PAKET
KOŠARA	ŽEP
STEKLENICA	KOVČEK
ŠKATLA	PLADENJ
VEDRO	KAD
ZABOJ	CEV
PREDAL	VAZA
OVOJNICA	PLOVILO

34 - Clothes

```
P U L O V E R D Y K Č B U V
M R O K A V I C E A E L K L
H L A Č E Q L W R V V U L A
P A F C I C A B B B E Z O C
H I M O D A D U M O L A B U
G C Ž P K O N V A J J R U J
H Q E A C J A R S K D J K K
S Z T C M V S A U E K O W G
J A K N A E Z K I W Z L Z Q
C E T W Z A P E S T N I C A
M W Z S M Z W L A I P R L P
Š A L F P R P B J K A K N K
L Y I Q B Y F O N A S T O V
P L A Š Č G J U E N P U I V
```

PAS
BLUZA
ZAPESTNICA
PLAŠČ
OBLEKA
MODA
ROKAVICE
KLOBUK
JAKNA
KAVBOJKE

NAKIT
PIŽAME
HLAČE
SANDALI
ŠAL
SRAJCA
ČEVELJ
KRILO
PULOVER

35 - Insects

```
Š  E  U  R  I  T  S  A  P  I  J  Č  A  K
U  K  V  P  G  J  A  C  I  L  I  B  O  K
O  N  R  A  Z  O  D  I  K  E  R  U  Č  Š
S  M  Č  Ž  F  P  Š  U  A  N  T  S  I  L
A  R  V  Z  A  B  T  B  P  H  N  Č  S  M
T  M  E  Q  C  T  U  Z  O  Z  L  Š  B  R
M  O  G  B  H  Q  A  O  L  B  V  O  R  A
A  L  M  E  T  U  L  J  O  K  R  R  B  V
N  J  N  A  I  I  E  J  N  Y  O  H  J  L
T  A  N  G  M  B  B  K  I  Z  R  M  E  J
I  K  F  Z  R  U  E  S  C  E  H  C  A  A
S  G  L  R  E  N  Č  Q  A  F  K  G  D  R
U  T  C  Q  T  P  T  C  B  S  R  Š  E  N
K  Z  V  K  L  I  Č  I  N  K  A  J  Z  Y
```

MRAVLJA	KOBILICA
LISTNA UŠ	SRŠEN
ČEBELA	PIKAPOLONICA
HROŠČ	LIČINKA
METULJ	MANTIS
ŠKRŽAT	KOMAR
ŠČUREK	MOLJ
KAČJI PASTIR	TERMIT
BOLHA	OSA
GNAT	ČRV

36 - Astronomy

```
E  N  A  K  O  N  O  Č  J  E  S  Y  G  A
D  I  M  I  Q  K  P  E  U  P  F  Y  A  S
B  W  V  E  I  V  O  L  O  J  L  L  L  T
U  M  H  W  T  Q  S  Z  A  T  E  K  A  R
A  C  I  L  G  E  M  G  M  B  I  T  K  O
D  T  Y  D  J  T  O  M  L  O  J  V  S  N
I  M  R  K  T  T  O  R  Q  M  S  F  I  A
O  B  S  E  R  V  A  T  O  R  I  J  J  V
R  B  B  J  Z  Y  Z  S  P  K  M  D  A  T
E  M  O  N  O  R  T  S  A  L  V  P  N  E
T  O  B  A  J  L  M  E  Z  A  A  K  U  C
S  O  E  V  Z  O  D  I  A  K  O  N  L  G
A  Z  N  E  S  A  T  E  L  I  T  G  E  N
F  A  C  S  S  U  P  E  R  N  O  V  A  T
```

ASTEROID	MEGLICA
ASTRONAVT	OBSERVATORIJ
ASTRONOM	PLANET
KOZMOS	SEVANJE
ZEMLJA	RAKETA
MRK	SATELIT
ENAKONOČJE	NEBO
GALAKSIJA	SUPERNOVA
METEOR	ZODIAK
LUNA	

37 - Health and Wellness #2

```
B A J O K E M W Z M K M E B
D N S C B J L N D N D A N O
Y E Y H Y W S E R T S S E L
T I H G K U O Z A M Z A R N
C G V I D F H E V K J Ž G I
T I T T D Y F L A D V A I Š
A H F D O R M O K P Z K J N
J J L B B F A B B R E R A I
I R C V S O Q C K J I T W C
G E N E T I K A I G T C I A
R O K U Ž B A P T J T L C T
E O B N O V I T E V A Q Y E
L V I T A M I N T E Ž A O I
A N A R H E R P D M W Z J D
```

ALERGIJA   BOLNIŠNICA
APETIT   HIGIENA
KRI   OKUŽBA
DEHIDRACIJA   MASAŽA
DIETA   PREHRANA
BOLEZEN   OBNOVITEV
ENERGIJA   STRES
GENETIKA   VITAMIN
ZDRAV   TEŽA

38 - Time

```
U  V  F  M  A  J  O  P  P  Z  J  V  K  J
E  J  T  E  L  T  E  S  E  D  A  J  P  U
L  A  Y  S  A  S  Q  L  G  A  R  U  R  T
E  D  H  E  T  E  D  E  N  J  E  I  E  R
T  O  I  C  O  W  Č  H  L  J  Č  V  D  O
O  G  E  J  T  E  L  O  T  S  V  G  V  A
B  Z  N  M  Q  H  E  K  N  M  W  K  O  M
M  U  D  P  E  L  K  K  B  L  F  G  P  U
K  O  L  E  D  A  R  G  D  L  C  E  V  L
O  G  O  A  T  U  N  I  M  N  P  H  D  E
S  E  P  N  M  G  S  E  N  A  D  A  N  H
B  R  O  Z  U  K  C  P  K  T  B  P  G  A
P  R  I  H  O  D  N  O  S  T  E  R  P  V
L  M  Y  Y  N  Z  F  E  Q  D  I  L  A  C
```

LETNI	MESEC
PRED	JUTRO
KOLEDAR	NOČ
STOLETJE	OPOLDNE
URA	ZDAJ
DAN	KMALU
DESETLETJE	DANES
ZGODAJ	TEDEN
PRIHODNOST	LETO
MINUTA	VČERAJ

39 - Buildings

```
L K P L O T S T N E N A G M
V O K A E O E J O N N W D L
O B A B Q T U U I V T N S W
K O B O O P O Y D T A I N R
I L I R M K R H A E O R J P
N N N A U A S A T K E O N O
O I A T Z I B U S R S T N A
H Š G O E Z J E G A L O Š O
O N J R J H U E Z M N Š M F
S I J I R O T A V R E S B O
T C N J G R A D R E A A Z R
E A S K E D E N J P K Q F B
L K M E T I J A H U O N J E
E J N A V O N A T S G B R Q
```

STANOVANJE   HOTEL
SKEDENJ   LABORATORIJ
KABINA   MUZEJ
GRAD   OBSERVATORIJ
KINO   ŠOLA
TOVARNA   STADION
KMETIJA   SUPERMARKET
BOLNIŠNICA   ŠOTOR
HOSTEL   STOLP

40 - Philanthropy

```
S G T S O N L E D O R B O D
R T W K P O Š T E N O S T G
E Q U U G O I N E V N Č S L
D K V P T P J V T V L O O
S A J I S I M R L A A O N B
T N N N M P K T O O J V Š A
V I N E O A O F R C V E U L
A V S C B Y R T Y Y I Š D N
I O T N F P P G R Q F T O O
Z D I A J N N E O E Q V K I
Z O K N J K M S O R B O I G
I G I I J L I C B Z P A L C
V Z B F S K U P N O S T E L
I W E C D L J U D J E F V A
```

IZZIVI	SKUPINE
DOBRODELNOST	ZGODOVINA
OTROCI	POŠTENOST
SKUPNOST	ČLOVEŠTVO
STIKI	MISIJA
FINANCE	POTREBA
SREDSTVA	LJUDJE
VELIKODUŠNOST	PROGRAMI
GLOBALNO	JAVNO
CILJI	

41 - Gardening

```
Y O V W S S J A L M U N P S
G A J Z E E J M M G M O B A
C V E T M Z R A A T A S T D
V H Q S E O Y K N B Z R B O
I L S R N M S T H A D O V
E Y A P A S A K I S N P K N
J K R G O K F E Ž K I F T J
T T S Z A O R U U Z J L S A
S Q I O Y Š O P E K A I O K
I C Z U T E J B E N D O P C
L A G O D I Q K W I O E M E
C V E T N I Č V D R S G O V
N V P I N Č I N A T O B K G
V R S T E Z B L O L P O C O
```

CVET
BOTANIČNI
ŠOPEK
PODNEBJE
KOMPOST
POSODA
UMAZANIJA
UŽITNA
EKSOTIČNO
CVETNI

LISTJE
CEV
LIST
VLAGA
SADOVNJAK
SEZONSKO
SEMENA
PRST
VRSTE
VODA

42 - Herbalism

```
O Z L T G S O D V S V M Z J
R J E D I K E T P R I T K Y
I T P L I F F S Y E Z D A A
G R U E E U O N T S I R O K
A U T L T N R F E A M E T A
N E S E Č E A D V K V N R K
O N O K U S R K C V A I V I
K O R O M A Č Š N I J R N R
P R B T L V Q V I S D A A A
N A R T H E P V F L H M R N
Q J B A Z I L I K A J Ž F I
E A R A S T L I N A E O A L
Q M O Z M H Z J K W P R Ž U
A R O M A T I Č N O S A Z K
```

AROMATIČNO
BAZILIKA
KORISTNO
KULINARIKA
KOROMAČ
OKUS
CVET
VRT
ČESEN
ZELENA

SESTAVINA
SIVKA
MAJARON
META
ORIGANO
PETERŠILJ
RASTLINA
ROŽMARIN
ŽAFRAN
PEHTRAN

43 - Vehicles

```
S  L  S  A  T  N  A  L  U  B  M  A  R  Z
K  E  P  N  H  E  L  I  K  O  P  T  E  R
U  T  L  A  C  I  N  R  O  M  D  O  P  R
T  A  A  V  D  Q  B  C  R  R  M  T  E  A
E  L  V  A  E  K  I  T  A  M  V  E  N  P
R  O  D  R  T  T  L  V  K  T  Č  V  R  N
C  S  N  A  O  M  I  F  E  D  O  R  A  U
O  U  T  K  E  J  A  R  T  Y  L  P  L  N
Z  B  C  H  O  A  L  D  A  Y  N  R  P  C
M  O  T  O  R  L  V  T  R  A  K  T  O  R
B  T  Q  C  L  W  O  T  N  V  I  E  T  R
Z  V  T  A  K  S  I  Q  O  L  C  V  L  T
L  A  O  C  J  G  K  I  I  A  J  W  N  J
T  O  V  O  R  N  J  A  K  K  A  J  I  A
```

LETALO	SPLAV
AMBULANTA	RAKETA
KOLO	SKUTER
ČOLN	PODMORNICA
AVTOBUS	TAKSI
AVTO	PNEVMATIKE
KARAVANA	TRAKTOR
TRAJEKT	VLAK
HELIKOPTER	TOVORNJAK
MOTOR	VAN

44 - Flowers

```
P S D E T E L J A H T B O G
S O O R A K N O J I S A P A
I M T N E S P A I B I J S R
V A A O Č N E F L I L I P D
K K R T N N N Q K S I L J E
A L G U A I I O G K N O A N
O O E L C G K C Y U T N S I
R C R I I V Q A A S E G M J
H K S P T Y R L C T V A I A
I J V A E Y C I I Š C M N Q
D M A N J K Y L N Y O D A I
E H S K R R A A T W V P R O
J E F C A J T D R T J J E Q
A I R E M U L P V J L N F K
```

ŠOPEK   MAGNOLIJA
DETELJA   ORHIDEJA
MARJETICA   PASIJONKA
REGRAT   POTONIKA
GARDENIJA   CVETNI LIST
HIBISKUS   PLUMERIA
JASMINA   MAK
SIVKA   VRTNICA
LILA   SONČNICA
LIJA   TULIPAN

45 - Health and Wellness #1

```
K  I  N  V  A  R  D  Z  E  V  J  Ž  V  N
N  O  L  E  K  A  R  N  A  H  B  I  I  A
U  Y  S  W  C  F  L  L  U  F  C  V  R  V
R  Q  A  T  O  K  A  L  Y  M  Q  C  U  A
E  T  E  J  I  R  E  T  K  A  B  I  S  D
F  W  E  K  L  I  N  I  K  A  Ž  H  L  A
L  Z  C  R  Z  G  A  H  O  R  M  O  N  I
E  Q  I  M  A  Y  I  O  O  C  Z  R  K  Y
K  F  Š  C  Q  P  L  T  D  E  J  W  M  Z
S  Z  I  Z  J  N  I  C  V  I  Š  I  N  A
N  L  M  E  J  N  E  J  L  V  A  R  D  Z
I  O  N  V  I  T  K  A  A  U  Z  G  H  R
A  M  S  P  R  O  S  T  I  T  E  V  B  U
Z  D  R  A  V  I  L  O  L  Y  F  E  M  D
```

AKTIVNO	ZDRAVILO
BAKTERIJE	MIŠICE
KOSTI	ŽIVCI
KLINIKA	LEKARNA
ZDRAVNIK	REFLEKS
ZLOM	SPROSTITEV
NAVADA	KOŽA
VIŠINA	TERAPIJA
HORMONI	ZDRAVLJENJE
LAKOTA	VIRUS

46 - Town

```
L K M T I F I L H M P T A E
H N A F B Z R W E T G M Y K
O J A K N A B O W K S T H D
T I N E H Y O N R Q A L O Š
E Ž R A Č I L T E V C R O T
L N A B W Š V B K M N K N Z
Y I G T U N I V E R Z A I A
M C I N R O R L K W J J K K
Y A J F H G R T A O C I N L
R K N Q G F O I U D O R L I
P E K A R N A V U J E E O N
S T A D I O N E I F B L L I
L E T A L I Š Č E N A A G K
M U Z E J D A R Q Y A G W A
```

LETALIŠČE	KNJIŽNICA
PEKARNA	TRG
BANKA	MUZEJ
KNJIGARNA	LEKARNA
KINO	ŠOLA
KLINIKA	STADION
CVETLIČAR	TRGOVINA
GALERIJA	GLEDALIŠČE
HOTEL	UNIVERZA

47 - Antarctica

```
C  E  L  I  N  A  T  P  W  V  O  I  J  Z
M  J  T  K  L  O  T  K  O  I  S  N  B  G
I  N  E  O  E  A  K  A  U  L  O  E  B  F
G  A  M  T  K  J  R  O  K  A  O  V  N  L
R  J  P  O  S  I  D  E  L  Z  A  T  R  P
A  N  E  V  P  F  P  O  N  J  B  S  O  G
C  A  R  O  E  A  B  B  T  I  E  N  G  K
I  R  A  D  D  R  A  L  F  K  M  A  B  S
J  H  T  A  I  G  Q  A  O  I  A  N  T  R
A  O  U  W  C  O  B  K  F  N  R  Z  M  W
Q  U  R  S  I  E  L  I  S  E  C  I  T  P
A  I  A  R  J  G  N  J  P  D  I  A  D  P
H  Y  F  J  A  A  L  Q  S  E  A  B  O  R
S  K  A  L  N  A  T  A  M  L  V  D  C  L
```

ZALIV	LED
PTICE	OTOKI
OBLAKI	MIGRACIJA
OHRANJANJE	MINERALI
CELINA	POLOTOK
OKOLJE	SKALNATA
EKSPEDICIJA	ZNANSTVENI
GEOGRAFIJA	TEMPERATURA
LEDENIKI	VODA

48 - Human Body

```
J  N  E  Ž  E  L  G  Č  E  L  J  U  S  T
J  L  O  R  B  R  A  D  A  Ž  O  K  M  O
F  K  D  S  A  G  O  N  I  R  V  C  H  R
L  N  F  Q  T  M  K  O  M  O  L  E  C  O
T  N  R  M  S  H  A  K  O  L  E  N  O  K
O  O  J  W  U  Z  E  F  U  V  D  Z  G  A
G  P  V  Y  W  M  T  A  Z  U  K  E  Z  N
H  F  K  Q  I  K  L  L  N  M  W  I  R  K
P  Y  B  Q  M  O  E  A  P  R  S  T  S  A
G  L  A  V  A  Q  U  Z  L  A  V  S  R  W
O  B  R  A  Z  S  S  H  C  J  N  O  C  Y
T  G  C  I  N  A  Ž  O  M  A  K  E  D
V  B  U  A  A  V  R  A  T  I  Z  K  B  R
L  K  J  E  B  J  U  O  C  V  K  U  O  F
```

GLEŽENJ	GLAVA
KRI	SRCE
KOSTI	ČELJUST
MOŽGANI	KOLENO
BRADA	NOGA
UHO	USTA
KOMOLEC	VRAT
OBRAZ	NOS
PRST	RAMA
ROKA	KOŽA

49 - Musical Instruments

```
T A B Y V G T H K T E Y O T
M R J O P O D A O C V O R A
T A O B O N Q S B L V S I M
O T R M U G A N I L O I V B
L I V I B T R O B E N T A U
K K R Y M O B A N J O E L R
A C H P Q B N E B O B N K I
L A U A T V A L F F K I V N
A W U F R V J U T A Q R C W
M H T R U F J R T G J A A P
N O F O S K A S A O U L W C
M A N D O L I N A T H K B T
V I O L O N Č E L O W E O L
Z V O N Č K I G Z M T R K E
```

BANJO
FAGOT
VIOLONČELO
ZVONČKI
KLARINET
BOBEN
FLAVTA
GONG
KITARA
HARFA

MANDOLINA
MARIMBA
OBOA
TOLKALA
KLAVIR
SAKSOFON
TAMBURIN
TROMBON
TROBENTA
VIOLINA

50 - Fruit

```
M  A  R  E  L  I  C  A  K  A  U  G  Q  M
M  J  S  B  J  W  S  K  Q  N  O  R  U  A
B  N  I  R  A  T  K  E  N  A  P  O  E  N
R  Š  J  G  W  N  K  I  R  N  O  Z  J  G
E  E  A  K  H  H  A  F  E  A  M  D  Č  O
S  Č  B  P  M  Q  A  N  N  S  B  J  I  A
K  D  O  A  A  N  V  N  A  H  G  E  D  M
E  D  L  P  L  M  A  S  O  K  O  K  O  E
V  S  K  A  I  C  U  W  D  M  Y  L  G  L
W  I  O  J  N  I  G  D  A  F  I  G  A  O
W  K  F  A  A  A  D  M  K  L  V  L  J  N
I  D  S  K  P  K  J  A  O  S  I  N  P  A
S  M  U  L  V  H  S  G  V  N  K  O  J  H
V  B  E  A  G  S  N  V  A  K  Š  U  R  H
```

JABOLKO	KIVI
MARELICA	LIMONA
AVOKADO	MANGO
BANANA	MELONA
JAGODIČJE	NEKTARIN
ČEŠNJA	PAPAJA
KOKOS	BRESKEV
FIGA	HRUŠKA
GROZDJE	ANANAS
GUAVA	MALINA

51 - Engineering

```
J  G  L  O  B  I  N  A  E  T  L  T  O  R
O  R  N  I  Z  R  A  Č  U  N  N  I  M  S
M  D  I  S  T  R  I  B  U  C  I  J  A  T
S  E  F  J  P  Y  J  P  J  J  W  M  R  A
C  K  R  T  B  R  H  A  E  P  E  O  G  B
S  C  K  I  Q  N  E  M  O  Č  W  T  A  I
T  T  V  I  T  O  S  M  T  H  D  O  I  L
E  O  R  D  E  E  B  I  E  O  I  R  D  N
K  K  N  O  B  M  V  K  A  R  Z  R  J  O
O  Y  I  V  J  A  J  I  G  R  E  N  E  S
Č  F  W  Z  U  J  P  N  F  G  L  R  A  T
I  K  J  V  O  W  C  B  W  P  I  I  K  Z
N  P  O  G  O  N  S  O  C  U  C  Y  V  H
A  J  N  D  A  R  G  Z  S  D  K  I  V  T
```

KOT	ZOBNIKI
OS	VZVODI
IZRAČUN	TEKOČINA
GRADNJA	STROJ
GLOBINA	MERITEV
DIAGRAM	MOTOR
PREMER	POGON
DIZEL	STABILNOST
DISTRIBUCIJA	MOČ
ENERGIJA	

52 - Kitchen

```
Q  Ž  E  P  S  Ž  A  R  L  D  E  Y  G  K
O  L  W  A  A  K  O  C  J  I  O  P  E  I
G  I  J  S  G  L  O  R  V  R  Č  Q  V  N
Z  C  L  K  M  L  Č  D  P  O  Y  O  I  L
I  E  S  L  J  A  R  K  E  C  A  N  L  A
G  T  P  E  C  E  R  S  E  L  C  D  I  V
A  V  Y  D  M  W  G  F  R  V  I  E  C  O
Z  U  E  A  J  N  N  O  S  G  Č  C  E  Z
Y  P  R  T  I  Č  E  K  B  A  E  H  E  R
H  L  A  D  I  L  N  I  K  A  P  Q  P  M
K  O  T  L  I  Č  E  K  W  H  R  A  N  A
J  E  S  T  I  B  P  E  B  M  I  Č  A  Z
N  O  Ž  I  P  R  E  D  P  A  S  N  I  K
S  H  W  Y  A  O  E  Y  D  E  R  E  S  E
```

PREDPASNIK	KOTLIČEK
SKLEDA	NOŽI
PALČKE	PRTIČEK
SKODELICE	PEČICA
HRANA	RECEPT
VILICE	HLADILNIK
ZAMRZOVALNIK	ZAČIMBE
ŽAR	GOBA
JAR	ŽLICE
VRČ	JESTI

53 - Government

```
O P O E N W O Y M K G Q J D
N K V K N G H H N P N Y E R
R I R O C A V A T S U A V Ž
I N N A Q J K P R A V N I A
M E E J J D K O S K O R N V
K M O I P O S N S I L P D A
Q O D S L V I L J T I M O D
W P V U O H M I M I C W S O
K S I K U D B V V L R E J B
B G S S P E O I T O P V D O
S W N I R A L C Z P V Y K V
G H O D A G O V O R G T N S
K K S S V D Z Y A I I V M I
C W T S O N Č I V A R P L Z
```

CIVILNO
USTAVA
DISKUSIJA
OKRAJ
ENAKOST
NEODVISNOST
SODNI
PRAVIČNOST
PRAVO

VODJA
PRAVNI
SVOBODA
SPOMENIK
DRŽAVA
MIRNO
POLITIKA
GOVOR
SIMBOL

54 - Art Supplies

```
P U F Y K V K W I Z Q J W G
V S O L I N R Č D T A I J L
G T T O I F P E E J L G O I
B V O T S R I A J J S O Y N
A A A S T B K C E A L A F A
R R P T O A Y A D L K O Y O
V J A V J R N K L E P I L O
I A R O A V M R P B F F H Q
C L A L L E J I V A G I B G
E N T W O D R D E T P L V A
T O D V O D A A T M A I I F
K S U Z O Z C R Y N S Q R G
Z T V R C S V I N Č N I K I
Š Č E T K E A K V A R E L K
```

AKRIL
ŠČETKE
FOTOAPARAT
STOL
OGLJE
GLINA
BARVICE
USTVARJALNOST
STOJALO
RADIRKA

LEPILO
IDEJE
ČRNILO
OLJE
BARVE
PAPIR
SVINČNIKI
TABELA
VODA
AKVAREL

55 - Science Fiction

```
E G I J N K T U F M P R S D
K E M O Z B I L Y R L O N I
S J D D R Y V N W A A B O S
T I J L E K A R O P N O I T
R L Z Q D D K G C C E T M O
E A J I S K A L A G T I A P
M K A T O M S K I G S P G I
N I L H P A N D F K V O I J
O M F H W M T Y N H E Ž N A
L E A U T O P I J A T A A H
S K R I V N O S T N O R R Z
F A N T A S T I Č N O H N C
I L U Z I J A Z W F Q U O G
L O F U T U R I S T I Č N O
```

ATOMSKI   GALAKSIJA
KNJIGE   ILUZIJA
KEMIKALIJE   IMAGINARNO
KINO   SKRIVNOSTNO
DISTOPIJA   ORAKELJ
EKSTREMNO   PLANET
FANTASTIČNO   ROBOTI
POŽAR   UTOPIJA
FUTURISTIČNO   SVET

56 - Geometry

```
J  K  I  N  T  O  K  I  R  T  W  U  Z  K
J  C  E  O  A  J  I  R  T  E  M  I  S  R
D  P  C  C  U  N  A  N  I  Š  I  V  R  O
I  Z  R  A  Č  U  N  Z  V  V  K  V  I  G
E  V  Y  T  E  O  R  I  J  A  U  P  D  J
T  J  E  R  N  V  D  A  O  J  Q  L  S  U
P  O  V  R  Š  I  N  A  G  I  Z  W  J  K
J  L  K  T  A  G  S  S  O  Z  W  J  J  A
F  E  N  A  Č  B  A  A  Ž  N  F  R  O  K
T  O  Q  P  T  N  E  M  G  E  S  E  T  I
V  Z  P  O  R  E  D  N  O  M  L  M  A  G
P  Q  C  J  N  V  A  N  A  I  D  E  M  O
Š  T  E  V  I  L  K  A  Z  D  B  R  D  L
V  O  D  O  R  A  V  N  O  O  T  P  K  B
```

KOT	MASA
IZRAČUN	MEDIANA
KROG	ŠTEVILKA
KRIVULJA	VZPOREDNO
PREMER	DELEŽ
DIMENZIJA	SEGMENT
ENAČBA	POVRŠINA
VIŠINA	SIMETRIJA
VODORAVNO	TEORIJA
LOGIKA	TRIKOTNIK

57 - Creativity

```
J  U  S  W  T  S  O  N  T  E  R  P  S  D
A  S  I  L  H  W  P  B  N  W  Y  Y  O  O
S  F  T  F  I  T  O  O  M  W  W  J  Z  M
N  I  V  R  D  K  G  B  N  D  K  D  N  I
O  P  I  B  V  B  A  S  Č  T  I  Q  M  Š
S  G  V  V  A  N  D  D  I  U  A  T  U  L
T  U  Y  W  N  Y  S  O  H  E  T  N  W  J
D  U  I  N  T  U  I  C  I  J  A  E  O  I
U  M  E  T  N  I  Š  K  A  I  V  J  K  J
P  R  I  S  T  N  O  S  T  Z  T  E  I  A
F  L  U  I  D  N  O  S  T  I  S  D  Z  O
V  I  T  A  L  N  O  S  T  V  U  I  R  H
D  R  A  M  A  T  I  Č  N  O  Č  I  A  K
I  N  T  E  N  Z  I  V  N  O  S  T  Z  Z
```

UMETNIŠKA	VTIS
PRISTNOST	NAVDIH
JASNOST	INTENZIVNOST
DRAMATIČNO	INTUICIJA
ČUSTVA	OBČUTEK
IZRAZ	SPRETNOST
FLUIDNOST	SPONTANO
IDEJE	VIZIJE
SLIKA	VITALNOST
DOMIŠLJIJA	

58 - Airplanes

```
M  B  J  O  I  O  J  V  N  G  Q  T  V  T
P  H  A  F  K  A  U  P  N  O  F  E  I  N
K  I  D  O  V  K  A  R  Z  R  O  A  Š  Y
O  B  L  U  O  E  T  N  O  I  F  N  I  P
Y  V  R  O  T  O  M  S  O  V  Q  I  N  R
J  K  B  Z  T  P  O  Q  E  O  I  V  A  O
N  E  B  O  I  Y  S  U  S  S  H  O  A  P
E  N  B  F  F  K  F  Q  C  S  T  D  N  E
M  A  C  F  D  Y  E  F  F  C  P  O  D  L
C  T  J  K  B  O  R  E  M  S  B  G  P  E
C  S  U  M  N  J  A  Z  I  D  T  Z  M  R
I  I  Q  C  U  F  G  R  A  D  N  J  A  J
Y  R  B  A  L  O  N  P  O  T  N  I  K  I
J  P  P  O  S  A  D  K  A  E  D  Q  S  Q
```

ZRAK	GORIVO
ATMOSFERA	VIŠINA
BALON	ZGODOVINA
GRADNJA	VODIK
POSADKA	PRISTANEK
SESTOP	POTNIK
DIZAJN	PILOT
SMER	PROPELERJI
MOTOR	NEBO

59 - Ocean

```
P G O U F W T T J M I H N G
L E R S U Z D I Ž E O B P N
I J J E T U N O E D B H J Y
M U U B B R Y F L U T O O L
O B L I I E I W V Z K B K V
V K H R S W N G A E I O O J
A C I Z O K A R E T T T R I
N N R O N E V I H T A N L Q
J W U G O B A A L G E I L A
E B G T J E G U L J A C L H
B P W O D E L F I N S A W P
E N I B K O R A L E O I G M
M O R S K I P E S A L R U E
S A K M E H P V A L O V I H
```

ALGE	SOL
KORALE	MORSKI PES
RAK	KOZICA
DELFIN	GOBA
JEGULJA	NEVIHTA
RIBE	PLIMOVANJE
MEDUZE	TUNA
HOBOTNICA	ŽELVA
OSTRIGE	VALOVI
GREBEN	KIT

60 - Force and Gravity

```
M O C M B J Š R E T N E C V
A D Y J F D I A T I B R O P
G K G O P H R Z Y M P R N L
N R I L S A I D I E E S Č I
E I B A H Q T A M H I S I V
T T A S H P E L Z A I E M H
I J N T J I V J I N I S A U
Z E J N E R T A B I E Y N Q
E T E O O U R A K I Z I F
M E I S T L A K O A B W D R
N Ž H T Z A G O N S A Č Y N
F A Z I V D U N T Y T B Q D
U N I V E R Z A L N O S J Z
O L N M V Z Y T V O B C Z Z
```

OS	ZAGON
CENTER	GIBANJE
ODKRITJE	ORBITA
RAZDALJA	FIZIKA
DINAMIČNO	TLAK
ŠIRITEV	LASTNOSTI
TRENJE	HITROST
VPLIV	ČAS
MAGNETIZEM	UNIVERZALNO
MEHANIKA	TEŽA

61 - Birds

```
O K W Q V V F J M N R K N S
G T H K W R W C K E M R O N
N A K U T A Š P I N G V I N
I A L C O B Q T J A J C E A
M I E E T E B S O G P M I K
A G R N B C Y H K R G H P I
L N O A R A C A O P K N U L
F K E Č R A N A K H C L J E
P G E Š V R A N A W N D J P
A W N I Č A P L J A H N D A
P H F P K U K A V I C A O V
I E J P A V V T W D W V B J
G E D R C S N H O K K K A R
A M P B E L G I G N R S L A
```

KANARČEK	ČAPLJA
PIŠČANEC	NOJ
VRANA	PAPIGA
KUKAVICA	PAV
RACA	PELIKAN
OREL	PINGVIN
JAJCE	VRABEC
FLAMINGO	ŠTORKLJA
GOS	LABOD
GALEB	TUKAN

62 - Art

```
R A N O U I H P R V R W P T
A B E V S K E L P M O K O P
Z S J T T H V H O Q S D E R
P A N S V M P B N A L S Z E
O S H R A J U R B T I E I P
L E I A R L F C E Y K P J R
O S D P I O K R S D A I A O
Ž T V I T B F C O I M V C S
E A A K I M A R E K Z E Z T
N V N F O I J S H Q I R T O
J A L I F S C Q L K R I A D
E I S K R E N C V I C B M Z
I Z V I R N I K B W K D M E
N A D R E A L I Z E M E B A
```

KERAMIKA   IZVIRNIK
KOMPLEKS   SLIKE
SESTAVA   OSEBNO
USTVARITI   POEZIJA
IZRAZ   KIPARSTVO
SLIKA   PREPROSTO
ISKREN   PREDMET
NAVDIHNJEN   NADREALIZEM
RAZPOLOŽENJE   SIMBOL

63 - Nutrition

```
D  U  G  A  L  H  R  K  H  Q  O  Z  Z  T
K  P  R  R  I  D  R  B  M  S  M  D  D  O
Q  R  T  A  E  R  S  A  H  Y  A  R  R  K
A  E  C  N  V  N  U  M  N  G  K  A  A  S
P  B  O  T  E  N  K  M  O  I  A  V  V  I
E  A  J  I  P  I  O  O  E  L  L  T  J  N
T  V  I  Ž  R  M  F  T  N  S  E  O  E  E
I  A  R  U  G  A  E  Y  E  D  A  V  A  N
T  Ž  O  V  S  T  I  P  Q  Ž  B  E  L  I
G  E  L  U  A  I  O  J  D  G  E  S  F  Č
Q  T  A  R  E  V  D  I  E  T  A  N  O  O
K  A  K  O  V  O  S  T  V  H  I  P  O  K
F  E  R  M  E  N  T  A  C  I  J  A  Y  E
B  E  L  J  A  K  O  V  I  N  E  D  Y  T
```

APETIT	ZDRAVJE
URAVNOTEŽENO	ZDRAV
GRENKO	TEKOČINE
KALORIJ	HRANILO
DIETA	BELJAKOVINE
PREBAVA	KAKOVOST
UŽITNA	OMAKA
FERMENTACIJA	TOKSIN
OKUS	VITAMIN
NAVADE	TEŽA

64 - Hiking

```
D U K P N U I K I P P O Z Z
I S U T R U J E N O R R E H
V N O V R H R H M D I I M S
J I Y N A V A R A N P E L Y
I T W Z C J M C K E R N J K
B M I M H E O M Y B A T E A
H Ž Y H Y C K A C J V A V M
F R I K R A P G M E A C I P
A E K V Z Q Z H O D D I D I
I C I E A K Ž E T R S J H R
Z V N N D L N P F H A A D A
D W D Z O R I J N R O K Š N
C Q O O V U O O V E U W S J
H C V N E V A R N O S T I E
```

ŽIVALI	NARAVA
ŠKORNJI	ORIENTACIJA
KAMPIRANJE	PARKI
PODNEBJE	PRIPRAVA
VODNIKI	KAMNI
NEVARNOSTI	VRH
TEŽKA	SONCE
ZEMLJEVID	UTRUJEN
KOMARJI	VODA
GORA	DIVJI

65 - Professions #1

```
M  M  J  F  I  J  T  P  J  F  L  L  L  O
G  F  V  J  K  C  E  L  I  S  A  G  U  D
O  L  R  G  R  E  N  E  R  T  F  F  K  V
L  Z  A  L  H  H  T  S  I  N  A  I  P  E
O  D  T  S  M  V  Č  A  J  O  R  K  I  T
H  R  A  R  B  G  O  L  O  E  G  L  T  N
I  A  L  A  A  E  G  K  I  E  O  N  O  I
S  V  Z  N  C  D  N  A  T  B  T  Y  H  K
P  N  N  R  W  T  O  I  R  N  R  U  B  K
Z  I  U  O  K  N  K  V  A  A  K  P  E
H  K  H  M  I  B  Q  C  O  A  K  C  G  T
B  A  N  K  I  R  U  R  E  D  N  I  K  P
A  M  B  A  S  A  D  O  R  S  O  W  K  W
A  S  T  R  O  N  O  M  I  C  E  V  O  L
```

AMBASADOR	GEOLOG
ASTRONOM	LOVEC
ODVETNIK	ZLATAR
BANKIR	GLASBENIK
KARTOGRAF	PIANIST
TRENER	VODOVODAR
PLESALKA	PSIHOLOG
ZDRAVNIK	MORNAR
UREDNIK	KROJAČ
GASILEC	

66 - Barbecues

```
M  S  M  T  O  N  P  G  Q  Q  D  F  L  O
S  O  M  E  S  K  W  I  G  O  T  N  A  T
H  L  B  Q  O  N  V  G  Š  P  N  O  K  R
P  A  O  P  L  Q  R  I  O  Č  W  Ž  O  O
O  T  Z  K  R  G  F  V  L  S  A  I  T  C
L  E  H  M  A  I  Z  W  T  I  M  N  A  I
E  D  G  G  Ž  S  J  M  N  N  C  K  E  N
T  D  S  H  A  A  K  A  M  O  I  E  D  C
J  D  R  U  Ž  I  N  A  T  F  A  Q  H  B
E  S  D  Z  A  J  R  E  Č  E  V  W  O  I
D  A  F  C  N  L  Y  W  S  F  L  J  H  G
E  D  A  U  A  B  S  A  L  G  Y  J  W  R
F  J  P  A  R  A  D  I  Ž  N  I  K  I  E
N  E  N  H  H  T  U  V  R  O  Č  E  Y  D
```

PIŠČANEC	VROČE
OTROCI	LAKOTA
VEČERJA	NOŽI
DRUŽINA	GLASBA
HRANA	SOLATE
VILICE	SOL
PRIJATELJI	OMAKA
SADJE	POLETJE
IGRE	PARADIŽNIK
ŽAR	

67 - Chocolate

```
A N T I O K S I D A N T A S
R E C E P T S L A D K O R L
N J K A K O V O S T L Z A A
A N W O A R O M A M A K Š D
J E G D G R E N K O K O I K
L N J L K A L O R I J K D O
J E D I Y M H O K U S O I R
U P R Č R A N I V A T S E S
B E B N L A L E M A R A K C
Š R H O Q G K J E S T I I N
I H B W D L Y D T R B P W D
N K P H G D C J A C A C A O
E K S O T I Č N O L D M O P
M O L L B P E B U I S O I D
```

ANTIOKSIDANT
AROMA
GRENKO
CACAO
KALORIJ
SLADKARIJE
KARAMELA
KOKOS
HREPENENJE
ODLIČNO

EKSOTIČNO
NAJLJUBŠI
SESTAVINA
ARAŠIDI
KAKOVOST
RECEPT
SLADKOR
SLADKO
OKUS
JESTI

68 - Vegetables

```
M E J B B A J G R P K T Z C
Z T A U B K U O E G U U E V
S W J Č I O R B P O M Q L E
N H Č E I Č J A A F A A E T
E S E J N I L O K O R B N A
S B V N G T I Q I L A L A Č
E E E E V R Š Š N T Č D G A
Č V C R E A R A Ž H A R G P
Q E C O R A E L I K N Z B R
S K B K C R T O D N I V E E
H D E U N S E T A S P H Z Z
S E A A L Y P K R L Š C Z G
D R P W P A H A A T A L O S
Y O C M W C H Z P S Z I K J
```

ARTIČOKA
BROKOLI
KORENJE
CVETAČA
ZELENA
KUMARA
JAJČEVEC
ČESEN
INGVER
GOBA

ČEBULA
PETERŠILJ
GRAH
BUČE
REDKEV
SOLATA
ŠALOTKA
ŠPINAČA
PARADIŽNIK
REPA

69 - The Media

```
I  E  F  J  O  O  G  I  Z  D  A  J  A  S
Z  O  I  O  U  G  U  S  A  B  I  K  D  L
O  L  N  C  V  O  L  S  C  W  N  O  E  I
B  K  A  L  W  K  L  A  F  I  T  M  J  K
R  I  N  L  A  K  O  L  S  Q  E  E  S  E
A  N  C  V  B  T  T  O  Y  I  L  R  T  J
Ž  Z  I  D  F  Q  I  R  P  D  E  C  V  Ž
E  E  R  G  C  P  Z  G  C  Q  K  I  A  E
V  M  A  J  A  V  N  O  I  I  T  A  O  R
A  A  N  M  N  E  N  J  E  D  U  L  D  M
N  S  J  R  A  D  I  O  D  D  A  N  N  O
J  O  E  V  C  Z  I  R  T  D  L  I  O  N
E  P  N  A  S  P  L  E  T  U  N  D  S  Q
I  N  D  U  S  T  R  I  J  A  O  M  S  P
```

OGLASI	POSAMEZNIK
ODNOS	INDUSTRIJA
KOMERCIALNI	INTELEKTUALNO
DIGITALNO	LOKALNI
IZDAJA	OMREŽJE
IZOBRAŽEVANJE	NA SPLETU
DEJSTVA	MNENJE
FINANCIRANJE	JAVNO
SLIKE	RADIO

70 - Boats

```
J V U N A K J A H T A S H O
T E A W C A K D A S O P M C
R J Z S I J U L L A U L O E
A R Z E N A U H J Y E K T A
J O U P R K W K A J O B O N
E M S F D O O M M O R E R K
K V L P A D V N B F D H M M
T Z R V J H P H O C I A A H
K E U R S J C H R S S F I Q
W U L V R E K A A P O E R J
N A V T I Č N O R L R L K A
G I N P F B P J R A N R O M
F O H N Q O W T E V E E L D
R E Š I L N I Č O L N R L O
```

SIDRO   JAMBOR
BOJA   NAVTIČNO
KANU   OCEAN
POSADKA   SPLAV
DOK   REKA
MOTOR   VRV
TRAJEKT   JADRNICA
KAJAK   MORNAR
JEZERO   MORJE
REŠILNI ČOLN   JAHTA

71 - Activities and Leisure

```
G F K P K B S P F Q H R S N
A P O D O B U P B U K I P A
J P Š S E T T Z L N U B R K
E O A B G S O K F Y C O O U
J T R M P H K V Y Y O L Š P
N A K I L S W A A Z I O Č O
A P A N A A L R N N L V U V
R L L A B E S A B J J T J A
I J I B O H B C R K E E O N
P A M Q O D P O Y L G M Č J
M N A E O A D S K A O O E E
A J O D B O J K A S L G A U
K E H A C T E N I S F O Z J
V R T N A R J E N J E N O W
```

BASEBALL
KOŠARKA
BOKS
KAMPIRANJE
POTAPLJANJE
RIBOLOV
VRTNARJENJE
GOLF
HOBIJI

SLIKA
SPROŠČUJOČE
NAKUPOVANJE
NOGOMET
DESKANJE
TENIS
POTOVANJE
ODBOJKA

72 - Driving

```
Z L V O Z N I K P Y A S N M
P E I R J O N T L T A T E O
T R M C B B H L I A V D S T
U N O L E C R J N V T F R O
N E G M J N O S G J O K E C
E V U N E E C K S W R W Č I
L A S N D T V A T S E C A K
B R P V H S D I U Z R T J E
T N Z H Q O N Z D L O S I L
P O Q Y Q N G O R I V O C B
E S S U Q R O T O M A R I U
Š T A A Ž A R A G V Z T L J
E C A Z H V T U O U A I O M
C T O V O R N J A K K K H P S
```

NESREČA   MOTOR
ZAVORE   MOTOCIKEL
AVTO   PEŠEC
NEVARNOST   POLICIJA
VOZNIK   CESTA
GORIVO   VARNOST
GARAŽA   HITROST
PLIN   PROMET
LICENCA   TOVORNJAK
ZEMLJEVID   TUNEL

73 - Professions #2

```
T  T  K  I  N  V  A  R  D  Z  J  M  W  Z
V  V  H  B  O  C  V  F  A  F  E  C  Q  O
F  A  I  T  F  P  A  Q  F  N  Z  M  Z  O
K  N  J  I  Ž  N  I  Č  A  R  I  O  O  L
I  O  L  K  D  G  R  U  R  I  K  V  B  O
L  R  E  W  M  K  A  S  G  M  O  Z  O  G
U  T  T  N  O  E  N  A  O  R  S  F  Z  N
S  S  I  A  J  Y  T  Y  T  Q  L  P  D  F
T  A  M  I  Y  S  R  M  O  S  O  I  R  I
R  K  U  R  A  I  V  J  F  L  V  L  A  L
A  Z  Z  F  C  E  W  N  A  I  E  O  V  O
T  Y  I  B  I  O  L  O  G  K  C  T  N  Z
O  Z  U  Č  I  T  E  L  J  A  G  A  I  O
R  I  N  Ž  E  N  I  R  T  R  P  V  K  F
```

ASTRONAVT	JEZIKOSLOVEC
BIOLOG	SLIKAR
ZOBOZDRAVNIK	FILOZOF
INŽENIR	FOTOGRAF
KMET	ZDRAVNIK
VRTNAR	PILOT
ILUSTRATOR	KIRURG
IZUMITELJ	UČITELJ
NOVINAR	ZOOLOG
KNJIŽNIČAR	

74 - Emotions

```
I  H  S  N  F  K  H  R  L  D  H  A  W  S
Y  Q  O  T  M  E  Y  I  E  N  A  N  K  O
J  E  Z  A  R  L  G  M  J  L  O  E  C  Č
N  E  Ž  E  L  A  V  H  L  S  I  Z  K  U
R  I  K  M  D  H  H  J  E  J  I  E  N  T
P  R  I  J  A  Z  N  O  S  T  L  B  F  J
T  D  M  K  Q  D  E  I  E  S  H  U  J  E
D  F  S  K  G  P  Š  M  V  O  I  J  D  Y
E  O  R  M  J  A  U  N  J  L  G  L  M  S
N  E  L  B  T  T  D  W  C  A  E  H  Q  G
Y  T  N  G  Z  M  V  N  E  Ž  N  O  S  T
T  K  R  Q  Č  P  A  N  I  B  E  S  V  E
M  I  R  E  N  A  N  E  Č  Š  O  R  P  S
U  B  H  Z  N  T  S  O  N  E  Ž  A  L  B
```

JEZA	PRIJAZNOST
BLAŽENOST	LJUBEZEN
DOLGČAS	MIR
MIREN	SPROŠČEN
VSEBINA	RELIEF
NAVDUŠEN	ŽALOST
STRAH	SOČUTJE
HVALEŽEN	NEŽNOST
VESELJE	

75 - Mythology

```
N W S G M A Š Č E V A N J E
H H M O U O K U L T U R A P
R P R T N I R I B A L E O A
B V T H G C J G C M D L Q G
I C N V F Q M C Č M A G Q K
T A I F L J U B O S U M J E
J V V Z I I D I M C T W C L
E P I T E H R A S E B E N E
K A T A S T R O F A S J L R
J U N A K N V E D E N J E T
Z S S U B I A D N E G E L S
G W Q Z J E Z Ž K L K E G K
T W J K T S A Š O P S D H B
B O J E V N I K F B W F Q C
```

ARHETIP	LABIRINT
VEDENJE	LEGENDA
BITJE	STRELE
KULTURA	POŠAST
BOŽANSTVA	SMRTNI
KATASTROFA	MAŠČEVANJE
NEBESA	MOČ
JUNAK	GROM
LJUBOSUMJE	BOJEVNIK

76 - Hair Types

```
F U K H Z D R A V S I V A Č
D O L G A N Y H B T A M K R
P Z I R D O K U E D T U D N
N G L I H L R S L M T U G A
W G E W T B A Q A P M E P A
K Y B V F E T I K C M R B Z
Z O E C A Z E Č O J I S W T
D K D Z T L K T A N C Z K A
Z H L R S W O R B E R S Q N
V E V A A A A V K Q D C R E
R M D I Š S K Z I C N G C K
B J N Y E F T V Z T U K U B
B J A L L R K I F D A V R E
Z U W V P L E T E N O I A S
```

PLEŠAST	ZDRAV
ČRNA	DOLGA
BLOND	SIJOČE
PLETENO	KRATEK
KITE	SREBRO
RJAV	MEHKO
KODRI	DEBEL
KODRASTI	TANEK
SUHA	VALOVITA
SIVA	BELA

77 - Garden

```
O G R A J A L E V E L P G G
C U F C Y V O A S T U O A R
M E H G V L P R A V A R T A
V I V M R L A T D Ž T R R B
K I N B I R T K O B A C V L
B Y S E V Y A B V E R R S J
U A B E L A K S N D T N A E
C V E T Č I H Q J S E E T G
R I H A O A D N A R E V E D
P I V G F E M M K H G S R R
K L O P K G T R G G R S A E
J Z M Z V K D Y E N M U S V
G U Y L I F C Y N Ž U U A O
P C L O N I L O P M A R T H
```

KLOP	SADOVNJAK
GRM	RIBNIK
OGRAJA	VERANDA
CVET	GRABLJE
GARAŽA	SKALE
VRT	LOPATA
TRAVA	TERASA
VISEČA MREŽA	TRAMPOLIN
CEV	DREVO
TRATA	PLEVEL

78 - Diplomacy

```
A Z Y P O P C V U J A R K H
M T B O M G D I Y U L E O U
B J D L H O N U V E J Š N M
A Q U I P I L O Z I R I F A
S B A T S O N R A V C T L N
A A J I S U K S I D O E I I
D K I K V N T T C T A V K T
O I C A P O G O D B A L T A
R T U S K U P N O S T M V R
L E L P R A V I Č N O S T N
D N O S V E T O V A L E C A
I K S T A M O L P I D R W F
R W E S O D E L O V A N J E
L C R C E L O V I T O S T J
```

SVETOVALEC
AMBASADOR
CIVIC
SKUPNOST
KONFLIKT
SODELOVANJE
DIPLOMATSKI
DISKUSIJA
ETIKA
TUJ

VLADA
HUMANITARNA
CELOVITOST
PRAVIČNOST
POLITIKA
RESOLUCIJA
VARNOST
REŠITEV
POGODBA

79 - Countries #1

```
S  S  B  A  P  R  R  L  A  T  V  I  J  A
I  E  R  C  U  O  O  R  S  V  M  T  G  J
V  N  A  M  P  K  L  M  L  A  L  D  Z  I
H  E  Z  A  A  O  U  J  U  U  N  Y  R  L
V  G  I  N  N  R  F  F  S  N  W  G  A  A
E  A  L  T  A  A  R  I  U  K  I  A  V  T
N  L  I  E  M  M  A  N  H  P  A  J  G  I
E  Q  J  I  A  G  J  S  H  C  J  I  A  G
Z  I  A  V  Z  C  I  K  A  R  I  B  R  A
U  T  N  P  L  R  N  A  A  I  Č  I  A  F
E  E  G  I  P  T  A  W  P  M  L  K  J
L  B  N  C  N  Y  P  E  K  K  E  A  I  R
A  D  A  N  A  K  Š  Y  L  V  N  A  N  B
N  O  R  V  E  Š  K  A  B  Q  T  Q  E  D
```

BRAZILIJA	MAROKO
KANADA	NIKARAGVA
EGIPT	NORVEŠKA
FINSKA	PANAMA
NEMČIJA	POLJSKA
IRAK	ROMUNIJA
IZRAEL	SENEGAL
ITALIJA	ŠPANIJA
LATVIJA	VENEZUELA
LIBIJA	VIETNAM

80 - Adjectives #1

```
R O A M B I C I O Z E N B K
E T P O G O N Č I T N E D I
S E E T H N P O M E M B N O
N Ž L A M Č T A K V K N U E
O K A N K I C B N E R K S I
P A K E R T K S K L E S E V
Q R Š K J A P O O I V S D R
K I I V B M N L R K R Y M E
W T N V E O E U I O E Y O J
R G T C L R S T S D D W D V
R D E E Z A A N T U N U E A
R Q M M C C Č O N Š O S R S
G O U T B I O N O E A T N J
T E M N O I P P A N L I O Y
```

ABSOLUTNO	KORISTNO
AMBICIOZEN	ISKREN
AROMATIČNO	IDENTIČNO
UMETNIŠKA	POMEMBNO
PRIVLAČNA	MODERNO
LEPA	RESNO
TEMNO	POČASEN
VELIKODUŠEN	TANEK
VESEL	VREDNO
TEŽKA	

81 - Rainforest

```
P  T  S  O  N  P  U  K  S  M  C  W  I  G
T  S  I  W  G  A  N  O  T  H  O  T  V  A
I  O  O  R  L  B  R  I  V  W  E  K  R  L
C  K  M  J  I  C  L  A  S  E  S  V  O  G
E  I  O  B  L  A  K  I  V  U  R  P  N  N
Y  L  E  Č  Š  I  Č  O  T  A  Z  L  D  U
Ž  O  S  P  O  Š  T  O  V  A  N  J  E  Ž
U  N  P  R  E  Ž  I  V  E  T  J  E  R  D
Ž  Z  K  P  O  D  N  E  B  J  E  A  V  O
E  A  V  B  O  T  A  N  I  Č  N  I  F  B
L  R  H  O  H  R  A  N  J  A  N  J  E  N
K  D  V  O  Ž  I  V  K  E  G  T  K  Q  O
E  T  S  R  V  M  A  H  F  L  P  E  Q  V
J  Z  N  C  M  M  V  R  K  V  S  S  Q  A
```

DVOŽIVKE
PTICE
BOTANIČNI
PODNEBJE
OBLAKI
SKUPNOST
RAZNOLIKOST
AVTOHTONA
ŽUŽELKE
DŽUNGLA

SESALCI
MAH
NARAVA
OHRANJANJE
ZATOČIŠČE
SPOŠTOVANJE
OBNOVA
VRSTE
PREŽIVETJE
VREDNO

82 - Landscapes

```
Q  G  D  R  F  G  L  A  R  D  L  Q  F  A
O  E  I  U  Y  R  O  O  T  O  K  A  V  F
L  J  J  A  C  B  I  R  H  R  N  T  S  I
S  Z  A  R  D  N  U  T  A  E  A  G  E  F
F  I  Ž  O  O  Z  K  M  Z  Z  K  W  L  K
U  R  A  G  K  M  S  F  A  E  L  S  E  W
F  O  L  A  K  E  R  Y  O  J  U  E  D  J
G  Q  P  N  O  P  U  Š  Č  A  V  A  E  Y
Q  J  G  E  T  F  Q  D  T  G  I  G  N  S
P  Y  Y  D  O  Z  V  H  H  M  K  A  I  C
S  T  S  E  L  C  C  C  Z  G  V  U  K  A
L  H  H  L  O  H  E  J  R  I  V  Č  O  M
A  L  U  S  P  N  M  A  D  O  L  I  N  A
P  P  N  Y  V  Y  D  J  N  Y  Q  U  R  J
```

PLAŽA	OAZA
JAMA	OCEAN
PUŠČAVA	POLOTOK
GEJZIR	REKA
LEDENIK	MORJE
HRIB	MOČVIRJE
LEDENA GORA	TUNDRA
OTOK	DOLINA
JEZERO	VULKAN
GORA	SLAP

83 - Visual Arts

```
A F O T O G R A F I J A U H
K R V S D K I N Č N I V S C
I O H J N W B O R E G L T P
M M L I B W Z L K P L O V E
A F O I T T E A R V I N A R
R P A J L E J J E O N Č R S
E U K G S R K O D S A A J P
K F I L M T E A E H R A E E
I E L N A R R S U K P S L K
N S S B A O T O D R O T N T
T O Y S C P U C V O A V O I
E S E S T A V A H I Q O S V
M M B N O G L J E U N E T A
U S K U L P T U R A P A K N
```

ARHITEKTURA	MOJSTROVINA
UMETNIK	SLIKA
KERAMIKA	PEN
KREDA	SVINČNIK
OGLJE	PERSPEKTIVA
GLINA	FOTOGRAFIJA
SESTAVA	PORTRET
USTVARJALNOST	LONČARSTVO
STOJALO	SKULPTURA
FILM	VOSEK

84 - Plants

```
V D G O E D S L E E Z D Q A
N B A M B U S T G A M R Z F
F L F G I G W U E V K E U I
O B F D G K O Z T B S V F Ž
J A G O D I Č J E K L O V O
T G O C V E T M A H A O R L
R B O T A N I K A H U K T G
A C V E T N I L I S T C M N
V S Q N J J B R Š L J A N O
A K G S S T F L O R A G E J
D G R M F G S L A T D O R I
K R W S Y U T I M Y Q Z O L
Z F L V E Y Y F L U S D K O
Y Y G F V E G E T A C I J A
```

BAMBUS	GOZD
FIŽOL	VRT
JAGODIČJE	TRAVA
BOTANIKA	BRŠLJAN
GRM	MAH
KAKTUS	CVETNI LIST
GNOJILO	KOREN
FLORA	STEBLO
CVET	DREVO
LISTJE	VEGETACIJA

85 - Boxing

```
N  P  U  V  O  G  A  L  S  F  A  H  R  I
B  A  E  V  H  C  E  N  O  V  Z  I  P  Z
C  M  S  S  I  C  T  D  D  G  R  T  H  Č
O  O  V  P  T  E  S  J  N  B  P  R  A  R
B  L  Y  P  R  L  O  I  I  K  R  O  V  P
N  Y  C  J  W  O  N  A  K  W  E  A  J  A
O  S  W  F  J  M  T  B  O  R  E  C  D  N
V  V  O  I  O  O  E  N  A  R  M  O  Č  A
I  V  R  V  H  K  R  W  I  C  R  B  A  N
T  F  O  K  U  S  P  Q  M  K  Y  G  R  A
E  I  B  W  Z  M  S  W  P  Č  P  N  U  W
V  Q  M  O  N  I  T  U  B  O  D  S  T  C
S  S  T  E  L  O  E  I  Z  T  V  L  Y  Z
R  O  K  A  V  I  C  E  J  A  U  Y  L  E
```

ZVONEC	RANE
TELO	BRCI
BRADA	NASPROTNIK
VOGAL	TOČK
KOMOLEC	HITRO
IZČRPAN	OBNOVITEV
BOREC	SODNIK
PEST	VRVI
FOKUS	SPRETNOST
ROKAVICE	MOČ

86 - Countries #2

```
I  F  P  U  K  R  A  J  I  N  A  U  K  L
U  G  A  N  D  A  J  I  R  E  B  I  L  I
D  A  N  S  K  A  J  I  R  I  S  G  S  B
J  M  E  H  I  K  A  K  J  A  M  A  J  A
L  G  W  Z  U  J  J  J  M  C  G  V  H  N
A  N  H  P  N  A  I  V  I  H  M  Y  G  O
O  N  A  W  V  P  L  O  J  P  Z  L  G  N
S  I  I  D  A  O  A  V  I  F  O  B  G  H
R  G  T  S  U  N  M  K  O  A  D  I  E  O
Q  E  I  L  Y  S  O  V  Q  U  K  J  T  J
U  R  Z  U  W  K  S  N  E  P  A  L  W  E
M  I  C  H  K  A  J  I  N  A  B  L  A  S
Z  J  P  A  K  I  S  T  A  N  L  V  T  K
L  A  R  U  S  I  J  A  G  R  Č  I  J  A
```

ALBANIJA	MEHIKA
DANSKA	NEPAL
ETIOPIJA	NIGERIJA
GRČIJA	PAKISTAN
HAITI	RUSIJA
JAMAJKA	SOMALIJA
JAPONSKA	SUDAN
LAOS	SIRIJA
LIBANON	UGANDA
LIBERIJA	UKRAJINA

87 - Ecology

```
V D O L C Y T V B D U P N V
K Y V V B P H M I E E O A R
H A B I T A T K W R Y D R S
V F L O R A S T Y K I N A T
E F N H O E R O G S M E V E
G A Š U S N T B J K O B A J
E V C E M I L T F U R J Y R
T N T I N L Q A P P S E N I
A A R T S T F D B N K S A V
C K M R D S Z T O O I U R Č
I Y J W C A C W L S L O A O
J G K H C R R G D T N G V M
A P S K B E N Z N I P W N L
R A Z N O L I K O S T F I T
```

PODNEBJE   MOČVIRJE
SKUPNOSTI   GORE
RAZNOLIKOST   NARAVNI
SUŠA   NARAVA
FAVNA   RASTLINE
FLORA   VIRI
GLOBALNO   VRSTE
HABITAT   VEGETACIJA
MORSKI

88 - Adjectives #2

```
J A U N O I Z D R A V U A Y
U G T D O N E R O V O G D O
U G F P J V S L A V E N Z O
L P B M L A O K L K C I N P
E J B O K R E A T I V N O I
E L N Č Z A Z Z W W Y Č O S
O L A N J N J L A T G A V N
S P E O V Q O A C S B L I O
L A W G U P S U H A P P M R
A R F R A B E E N K C A I C
N Y F Z J N E J R A D A N V
V R O Č E Z T T Y Q J R A N
P O N O S E N N W C Q E Z G
O N V I T K U D O R P A B M
```

KREATIVNO	ZANIMIVO
OPISNO	NARAVNI
SUHA	NOVO
ELEGANTNO	PRODUKTIVNO
SLAVEN	PONOSEN
NADARJEN	ODGOVOREN
ZDRAV	SLAN
VROČE	ZASPAN
LAČNI	MOČNO

89 - Psychology

```
T  Z  K  T  D  O  O  O  A  W  Z  I  A  A
Y  G  Q  E  J  J  T  B  I  K  T  M  P  H
E  B  W  R  T  N  R  Č  D  O  G  E  S  R
R  G  Z  A  L  M  O  U  E  N  P  N  M  E
S  F  O  P  F  I  Š  T  J  F  R  O  U  S
O  E  A  I  D  S  T  E  E  L  O  V  O  N
H  C  L  J  F  L  V  K  J  I  B  A  S  I
K  K  E  A  O  I  O  H  N  K  L  N  E  Č
Q  E  J  N  E  D  E  V  Š  T  E  J  B  N
U  T  N  E  A  V  T  S  U  Č  M  E  N  O
Y  E  A  O  I  D  V  H  K  U  T  W  O  S
N  F  S  T  S  E  V  A  Z  D  O  P  S  T
K  L  I  N  I  Č  N  I  I  O  J  J  T  B
P  E  R  C  E  P  C  I  J  A  E  O  S  I
```

IMENOVANJE	IDEJE
OCENA	PERCEPCIJA
VEDENJE	OSEBNOST
OTROŠTVO	PROBLEM
KLINIČNI	RESNIČNOST
KONFLIKT	OBČUTEK
SANJE	PODZAVEST
EGO	TERAPIJA
ČUSTVA	MISLI
IZKUŠNJE	

90 - Math

```
Q  I  J  U  G  A  P  A  K  E  P  V  E  A
R  F  F  Z  T  J  R  D  G  E  A  Z  M  D
L  N  R  E  N  I  E  L  M  N  R  P  G  M
P  O  L  M  E  R  M  K  U  A  A  O  B  H
T  N  S  J  N  T  E  O  Ž  Č  L  R  D  N
R  L  V  V  O  E  R  T  G  B  E  E  Q  O
I  A  S  S  P  M  F  I  K  A  L  D  N  B
K  M  O  C  S  O  D  R  V  R  O  N  P  S
O  I  T  I  K  E  T  L  A  Z  G  O  O  E
T  C  A  M  E  G  K  R  D  D  R  U  L  G
N  E  O  B  O  D  C  Z  R  J  A  B  I  I
I  D  U  L  O  M  E  K  A  I  M  S  G  O
K  B  E  K  L  I  V  E  T  Š  C  N  O  L
S  I  M  E  T  R  I  J  A  L  K  B  N  G
```

KOTI	VZPOREDNO
OBOD	PARALELOGRAM
DECIMALNO	OBSEG
PREMER	POLIGON
ENAČBA	POLMER
EKSPONENT	KVADRAT
ULOMEK	VSOTA
GEOMETRIJA	SIMETRIJA
ŠTEVILKE	TRIKOTNIK

91 - Water

```
V I O O A F M S U R H D P B
A Z R I Z J E G E N S E A P
L P K N A M A K A N J E R O
O A A V E E C O A L S Q A P
V R N G D M R C J A J C J L
I E I G Y O B Z E Z Q U P A
G V Z N T N M Z Z R E K A V
Q A E V R S G L E M P P T A
V N R L F U O S R Z P O Z G
O J V O E N Z N O H P R H A
C E V L A Ž N O Ž E D E L L
E Z D I F E K A N A L P T V
A W A A H E A I B A L N W J
N K A R E Y T D R I U V H Q
```

KANAL

VLAŽNO

IZPAREVANJE

POPLAVA

ZMRZAL

GEJZIR

VLAŽNOST

ORKAN

LED

NAMAKANJE

JEZERO

VLAGA

MONSUN

OCEAN

DEŽ

REKA

PRHA

SNEG

PARA

VALOVI

92 - Activities

```
P  T  S  O  N  V  I  T  K  A  P  W  E  U
Z  L  D  C  G  H  D  W  E  U  O  U  B  T
W  P  E  R  G  I  U  U  R  Ž  H  J  J  U
W  R  J  T  E  J  E  Z  A  I  O  M  A  M
W  O  N  S  E  K  V  R  M  T  D  B  O  E
A  S  E  F  P  N  C  Y  I  E  N  P  B  T
H  T  J  F  R  R  J  G  K  K  I  B  R  N
L  I  R  U  H  N  O  E  A  E  Š  R  T  O
O  Č  A  P  L  E  S  S  U  Q  T  A  I  S
V  A  N  N  A  T  B  N  T  N  V  N  Z  T
F  S  T  M  A  G  I  J  A  I  O  J  R  Z
R  D  R  R  I  B  O  L  O  V  T  E  J  Z
U  Z  V  Š  I  V  A  N  J  E  J  E  O  V
K  A  M  P  I  R  A  N  J  E  W  K  V  D
```

AKTIVNOST	POHODNIŠTVO
UMETNOST	LOV
KAMPIRANJE	PLETENJE
KERAMIKA	PROSTI ČAS
OBRTI	MAGIJA
PLES	UŽITEK
RIBOLOV	BRANJE
IGRE	SPROSTITEV
VRTNARJENJE	ŠIVANJE

93 - Business

```
D Z A P O S L E N I D D P M
O M E N E D Ž E R N T E I P
B S I Y K G R G P O S N S U
I V I K Š O R T S D U A A F
Č A D D A J A D O R P R R I
E L O A N R N B Z E O J N N
K U H V R N I C H O P K A A
Y T O K A A V E Z T R D K N
Z A D I V L O Z R B O D U C
U K E R O O G E O A R Z P E
G C K Q T Ž R G U U A G W F
P B D D U B T T J O Č O L V
J W E J T E J D O P U O Z C
W L E D S A J I M O N O K E
```

PRORAČUN
KARIERA
PODJETJE
STROŠKI
VALUTA
POPUST
EKONOMIJA
ZAPOSLENI
TOVARNA
FINANCE

DOHODEK
NALOŽBE
MENEDŽER
DENAR
PISARNA
DOBIČEK
PRODAJA
TRGOVINA
DAVKI

94 - The Company

```
Z A P O S L I T E V I G S O
F N U O A L D O J H Z L T D
V O G Q B K H N N L D O R L
E D L D A G K E N E E B O O
T K E D E R P A N B L A K Č
I Q D T V O T J K Ž E L O I
V D N S I N V I P O K N V T
A S B O K V E R Z L V O N E
T R E N D I G T Q A Q O O V
S C Z Ž O T A S P N L Q S O
D F O O H A N U Y O Y A R T
E B T M I E J D R J S I V O
R E Z C R R A N H F L E B B
P B A G P K S I V I R I L V
```

POSEL
KREATIVNO
ODLOČITEV
ZAPOSLITEV
GLOBALNO
INDUSTRIJA
NALOŽBE
MOŽNOST
PREDSTAVITEV
IZDELEK

STROKOVNO
NAPREDEK
KAKOVOST
UGLED
VIRI
PRIHODKI
TVEGANJA
TRENDI
ENOT

95 - Literature

```
T  R  A  G  E  D  I  J  A  I  F  B  F  P
R  O  M  A  N  F  O  G  Y  G  Y  I  I  R
S  P  F  O  M  K  S  L  Y  K  J  O  K  I
T  O  U  A  R  O  F  A  T  E  M  G  C  M
H  E  T  V  R  R  T  G  I  V  E  R  I  E
A  T  G  T  P  V  I  E  J  A  S  A  J  R
T  I  O  O  E  U  M  M  M  N  E  F  A  J
O  Č  L  R  L  N  E  G  A  A  P  I  F  A
D  N  S  B  K  A  T  O  A  T  Y  J  R  V
K  O  J  J  S  H  I  H  O  G  K  A  Q  A
E  R  Z  Q  I  E  R  D  M  N  E  N  J  E
N  G  N  V  P  A  N  A  L  I  Z  A  K  M
A  J  I  G  O  L  A  N  A  I  T  R  U  V
Y  E  B  A  F  M  F  M  Y  Y  E  D  S  V
```

ANALOGIJA	METAFORA
ANALIZA	ROMAN
ANEKDOTA	MNENJE
AVTOR	PESEM
BIOGRAFIJA	POETIČNO
PRIMERJAVA	RIMA
SKLEP	RITEM
OPIS	SLOG
DIALOG	TEMA
FIKCIJA	TRAGEDIJA

96 - Geography

```
W H R P L Z E Q Q R U F N Z
H N Q O O R J D H O P K G E
C Y M F Z L R O K J T Y L M
A T L A S E O Z A K V O M L
R E G I J A M B M K I C K J
O S V E T V J L L N Š E I E
T S T Q M A U D J A I L N V
A E T I W Ž G M Y E N I V I
V V T I A R R E G C A N E D
K E F A H D U S I O K A N O
E R F E Y S D T M U E B D H
K Z Q F I S C O Y M R F L A
M H Q E Y A G O R A N L O Z
N G Z V L I N Y G C T U P O
```

VIŠINA	GORA
ATLAS	SEVER
MESTO	OCEAN
CELINA	REGIJA
DRŽAVA	REKA
EKVATOR	MORJE
POLOBLA	JUG
OTOK	OZEMLJE
ZEMLJEVID	ZAHOD
POLDNEVNIK	SVET

97 - Pets

```
H M U C K A S K P H H K O R
E R A N I R E T E V R U V E
J K Č I G Q P C R L A Ž R A
F H R E B I R Z A G N E A Y
J I D U K H C V V T A K T H
P O V O D E C R A D K D N N
T V H Z T S R J R Y Č L I P
M F Q V K N D Y K U A P K A
Q M S A C U Z O Q L M M Z P
K P J P Z C Š P M W L T R I
I Q W U A Q Z Č E H J F G G
M D W Z J I Z Q A Z M C I A
T E Q S E K O Z A R L M C P
V O D A C Ž E L V A M I Š A
```

MAČKA	KUŠČAR
OVRATNIK	MIŠ
KRAVA	PAPIGA
PES	TACE
RIBE	KUŽEK
HRANA	ZAJEC
KOZA	REP
HRČEK	ŽELVA
MUCKA	VETERINAR
POVODEC	VODA

98 - Jazz

```
T Z P T L A S H Y H P O S N
N V H E E O J T O F O R L O
E A A B S A L G A N U K A V
L L J M R E W Q V R D E V O
A P Z L U B M P A N A S E R
T A N L J I V V T U R T N M
R I T E M U E A S M E E A S
V N R R U M B K E E K R T L
J B E G Z K W Š S T N Q F O
I O C N V S A K I N H E T G
T B N W G O L C I I U K Z J
E V O A L B U M F K R O L U
L K K S K L A D A T E L J Z
I M P R O V I Z A C I J A W
```

ALBUM	IMPROVIZACIJA
APLAVZ	GLASBA
UMETNIK	NOVO
SKLADATELJ	STAR
SESTAVA	ORKESTER
KONCERT	RITEM
BOBNI	PESEM
POUDAREK	SLOG
SLAVEN	TALENT
NAJLJUBŠI	TEHNIKA

99 - Vacation #2

```
P  R  Z  O  V  E  R  P  N  A  Ž  A  L  P
Y  O  Y  E  J  N  A  R  I  P  M  A  K  O
F  R  T  F  M  O  T  O  K  R  R  I  H  T
P  R  B  O  D  L  E  T  O  H  P  J  B  N
W  O  E  P  V  N  J  V  L  A  K  K  O  I
U  T  Č  G  S  A  K  E  C  I  L  J  O  L
M  O  Š  I  G  I  N  A  V  M  V  U  P  I
R  Š  I  S  T  Y  C  J  K  I  K  I  Y  S
R  Y  L  K  R  N  G  Q  E  R  D  D  U  T
W  S  A  A  C  H  I  V  I  Z  U  M  N  I
G  H  T  T  L  H  W  C  E  J  U  T  T  J
O  K  E  J  R  O  M  T  E  O  P  U  U  J
R  U  L  P  R  O  S  T  I  Č  A  S  J  S
E  Q  E  D  Z  S  T  I  C  Z  N  H  K  C
```

LETALIŠČE	PROSTI ČAS
PLAŽA	ZEMLJEVID
KAMPIRANJE	GORE
CILJ	POTNI LIST
TUJ	MORJE
TUJEC	TAKSI
POČITNICE	ŠOTOR
HOTEL	VLAK
OTOK	PREVOZ
POTOVANJE	VIZUM

100 - Electricity

```
G A K L I T E V S K E P S S
G M Q O L A S E R A L O U K
V I I N L J I A C B E Z U L
N T N R Ž I O A S E K I J A
O E Č S I R Č J A L T T N D
V M I R C E Q I J R R I E I
T D R T E T C Z N Q I V G Š
I E T E P A K I O A Č E A Č
Č R K N Ž B A V F C A N T E
N P E G D J M E E I R M I N
I T L A A K E L L N R B V J
C B E M R Z R E E R W Z N E
A K Y K N V P T T A T R O T
U W T S Z Y O T R Ž I W F P
```

BATERIJA
ŽARNICA
KABEL
ELEKTRIČNI
ELEKTRIČAR
OPREMA
SVETILKA
LASER
MAGNET
NEGATIVNO

OMREŽJE
PREDMETI
POZITIVEN
KOLIČINA
VTIČNICA
SKLADIŠČENJE
TELEFON
TELEVIZIJA
ŽICE

1 - Antiques

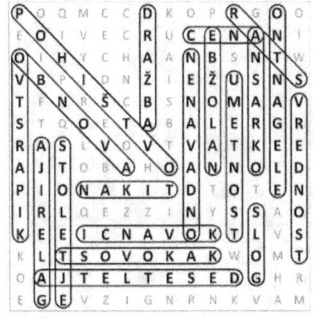

2 - Food #1

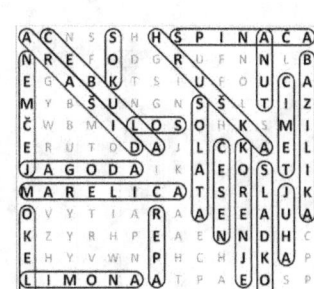

3 - Farm #2

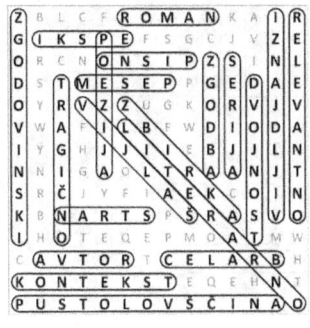

4 - Books

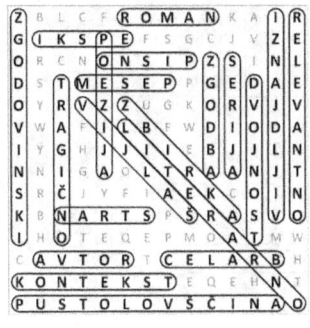

5 - Meditation

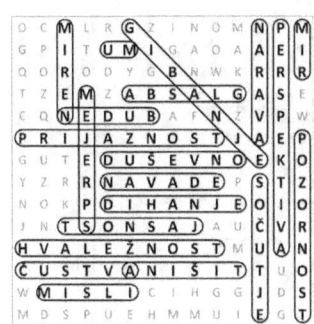

6 - Days and Months

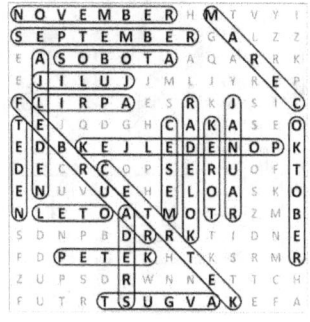

7 - Energy

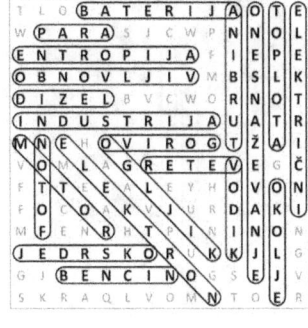

8 - Archeology

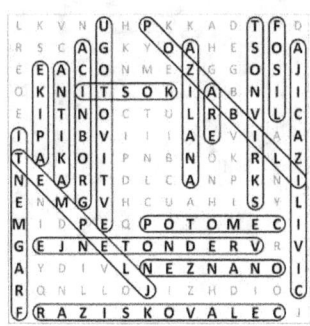

9 - Food #2

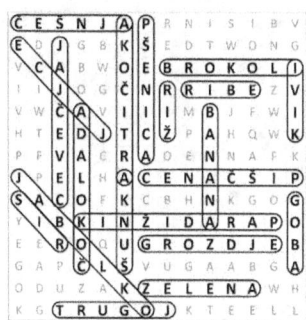

10 - Chemistry

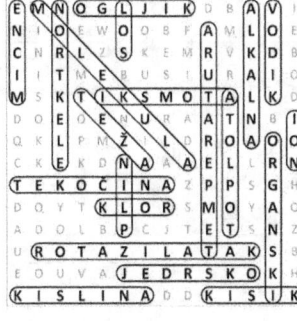

11 - Music

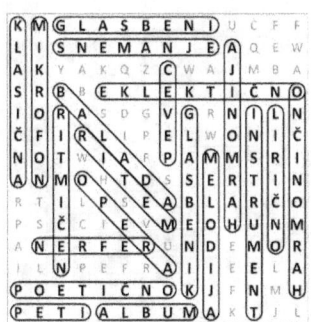

12 - Family

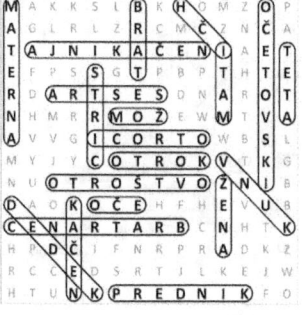

13 - Farm #1

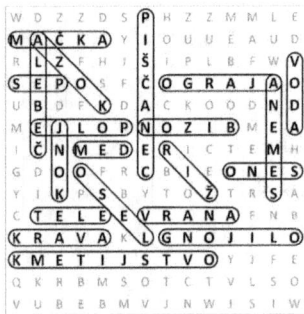

14 - Camping

15 - Algebra

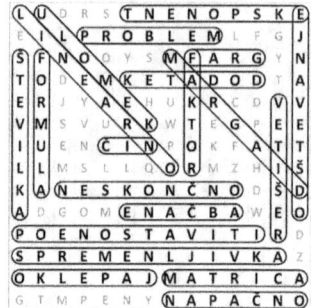

16 - Numbers

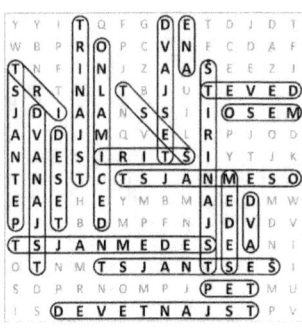

17 - Spices

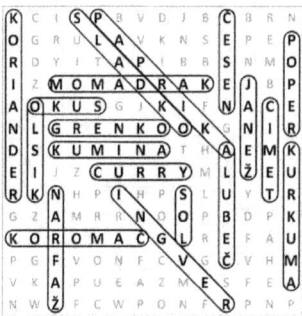

18 - Universe

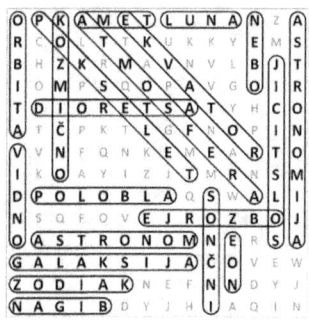

19 - Mammals

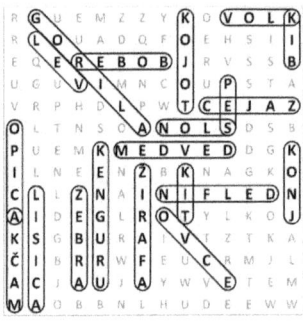

20 - Restaurant #1

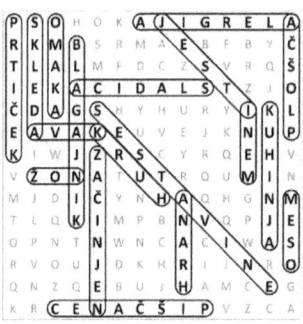

21 - Bees

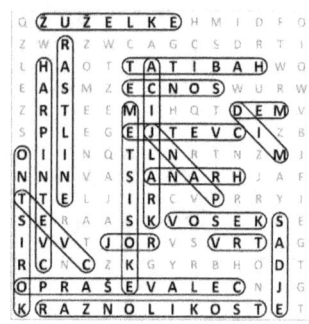

22 - Weather

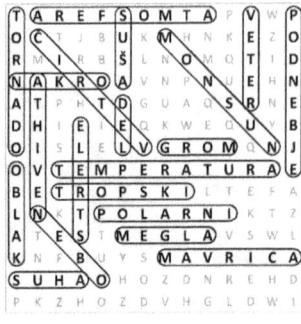

23 - Adventure

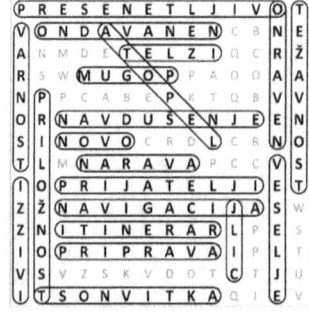

24 - Circus

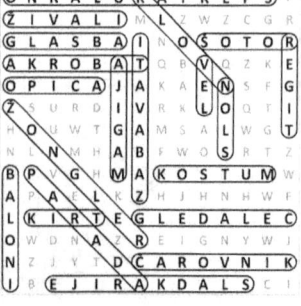

25 - Restaurant #2

26 - Geology

27 - House

28 - Physics

29 - Shapes

30 - Scientific Disciplines

31 - Science

32 - Beauty

33 - To Fill

34 - Clothes

35 - Insects

36 - Astronomy

37 - Health and Wellness #2

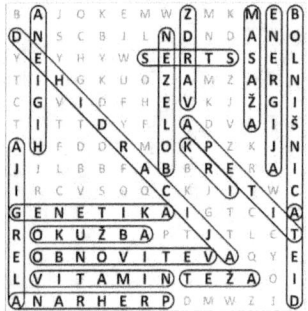

38 - Time

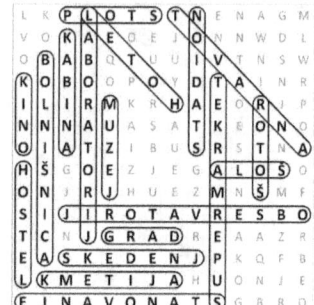

39 - Buildings

40 - Philanthropy

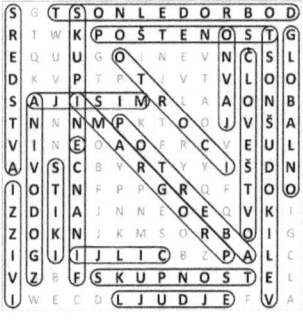

41 - Gardening

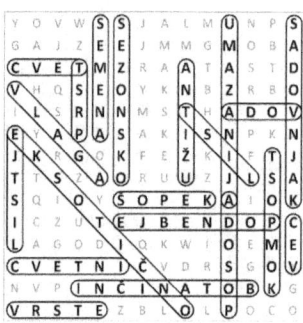

42 - Herbalism

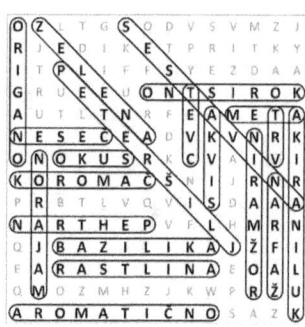

43 - Vehicles

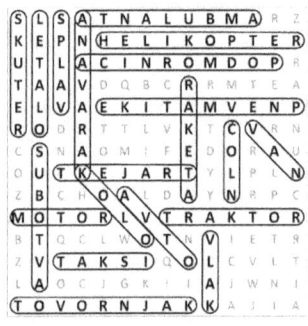

44 - Flowers

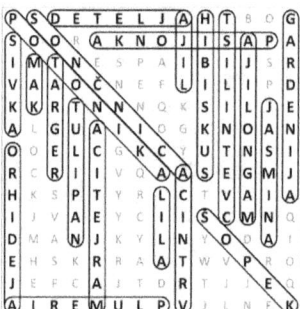

45 - Health and Wellness #1

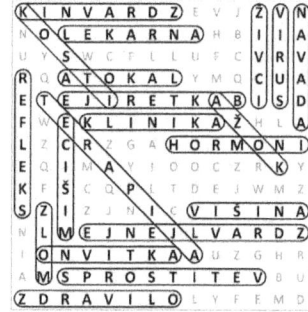

46 - Town

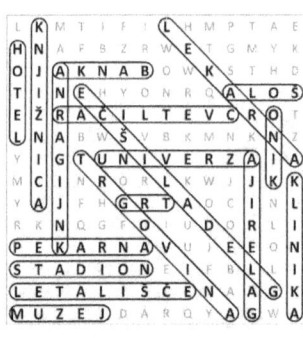

47 - Antarctica

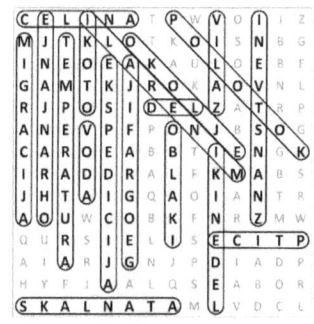

48 - Human Body

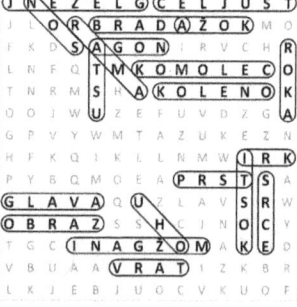

49 - Musical Instruments

Word search grid (Slovenian). Hidden words include: VIOLINA, TROBENTA, BANJO, BOBEN, FLAVTA, SAKSOFON, MANDOLINA, VIOLONČELO, ZVONČKI, TAMBURIN

50 - Fruit

Word search grid (Slovenian). Hidden words include: MARELICA, MANGO, NARANČA, SOKOK, FIGA, HRUŠKA

51 - Engineering

Word search grid (Slovenian). Hidden words include: GLOBINA, IZRAČUN, DISTRIBUCIJA, MOČ, POGON, INŽENIRING

52 - Kitchen

Word search grid (Slovenian). Hidden words include: ŽAR, VRČ, JAREK, PECER, PRTIČEK, HLADILNIK, KOTLIČEK, JESTI, NOŽI, PREDPASNIK, HRANA

53 - Government

Word search grid (Slovenian). Hidden words include: AVATSU, PRAVNI, DRŽAVA, GOVOR, PRAVICE

54 - Art Supplies

Word search grid (Slovenian). Hidden words include: LINRČ, GO, LEPILO, VODA, SVINČNIKI, ŠČETKE, AKVAREL, BARVICE

55 - Science Fiction

Word search grid (Slovenian). Hidden words include: LEKARO, ATOMSKI, UTOPIJA, SKRIVNOST, FANTASTIČNO, ILUZIJA, FUTURISTIČNO, PLANET

56 - Geometry

Word search grid (Slovenian). Hidden words include: KINTOKIRT, ARTEMIS, ANISIV, IZRAČUN, TEORIJA, POVRŠINA, ENAČBA, TNEMGES, VZPOREDNO, ANAIDEM, ŠTEVILKA, VODORAVNO

57 - Creativity

Word search grid (Slovenian). Hidden words include: SONTERPS, INTUICIJA, UMETNIŠKA, PRISTNOST, FLUIDNOST, VITALNOST, DRAMATIČNO, INTENZIVNOST, JASNOST

58 - Airplanes

Word search grid (Slovenian). Hidden words include: KIDOV, KARZ, ROTOM, NEBO, REMS, NJAZID, GRADNJA, BALON, POTNIK, POSADKA

59 - Ocean

Word search grid (Slovenian). Hidden words include: ACIZOKARE, NEVIHTA, UGOBA, ALGE, JEGULJA, DELFIN, KORALE, MORSKIPES, VALOVI

60 - Force and Gravity

Word search grid (Slovenian). Hidden words include: RETNEC, ATIBRO, MAGNET, RAKIZIF, TLAK, ZAGON SAČ, UNIVERZALNO

61 - Birds

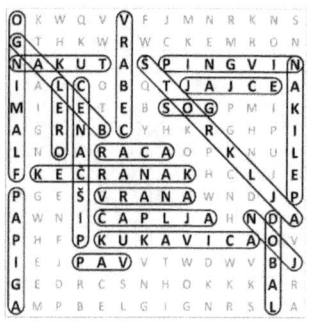

62 - Art

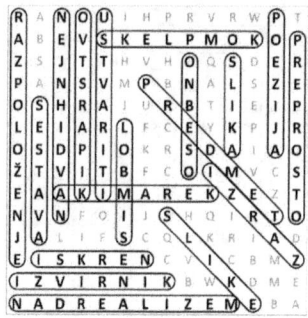

63 - Nutrition

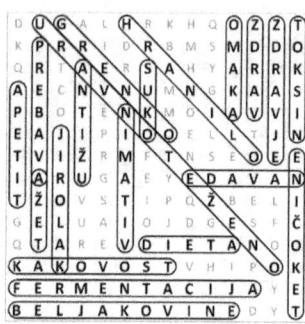

64 - Hiking

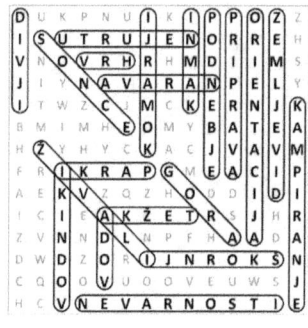

65 - Professions #1

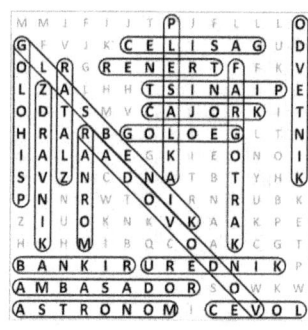

66 - Barbecues

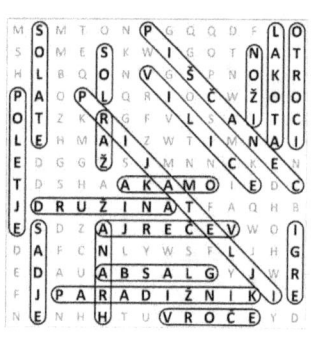

67 - Chocolate

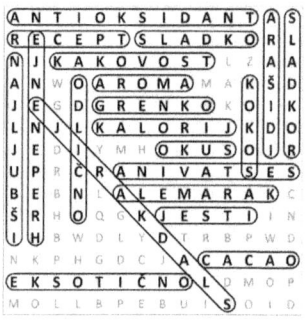

68 - Vegetables

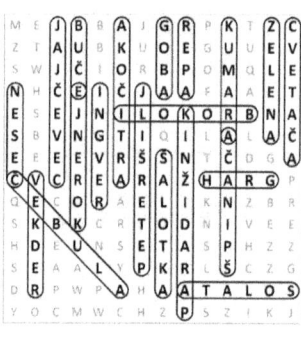

69 - The Media

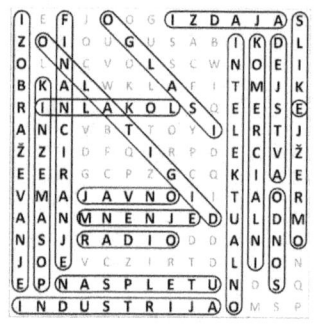

70 - Boats

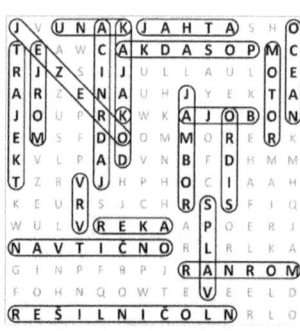

71 - Activities and Leisure

72 - Driving

73 - Professions #2

74 - Emotions

75 - Mythology

76 - Hair Types

77 - Garden

78 - Diplomacy

79 - Countries #1

80 - Adjectives #1

81 - Rainforest

82 - Landscapes

83 - Visual Arts

84 - Plants

85 - Boxing

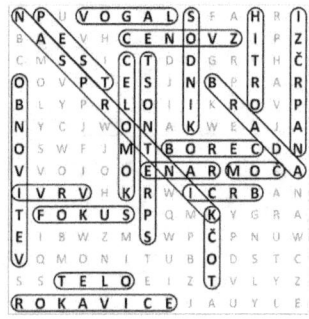

86 - Countries #2

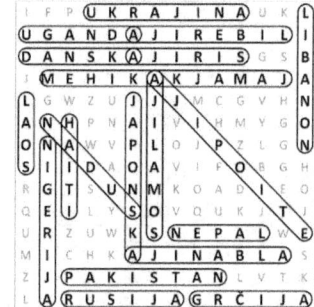

87 - Ecology

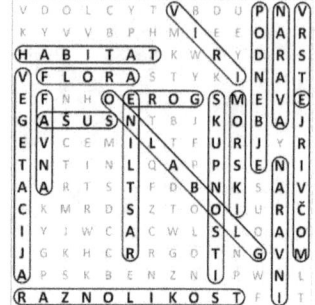

88 - Adjectives #2

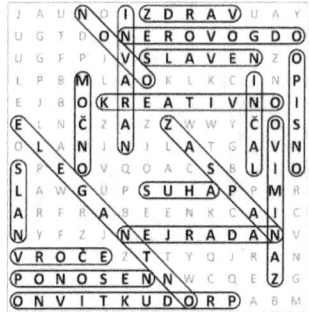

89 - Psychology

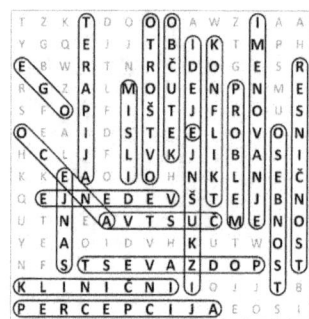

90 - Math

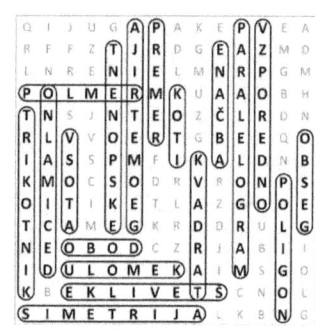

91 - Water

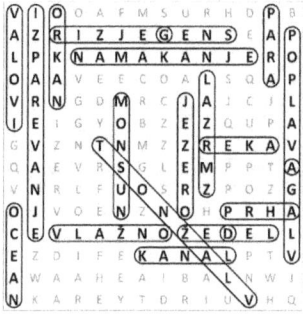

92 - Activities

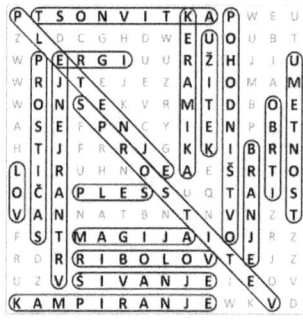

93 - Business

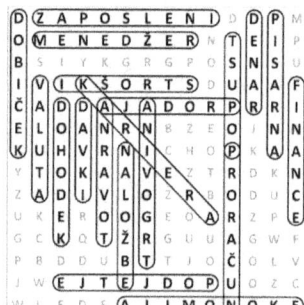

94 - The Company

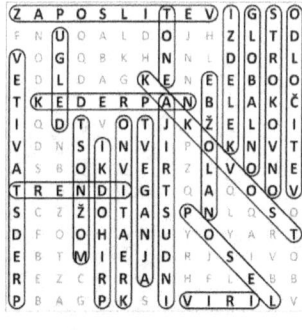

95 - Literature

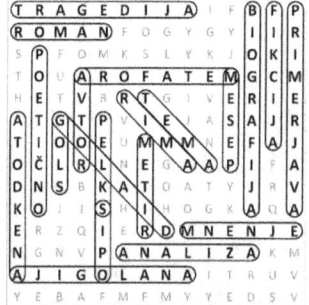

96 - Geography

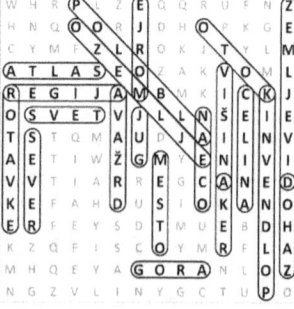

97 - Pets

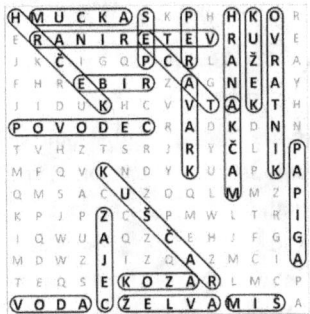

98 - Jazz

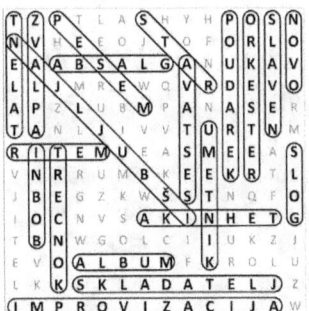

99 - Vacation #2

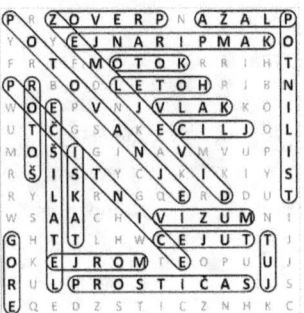

100 - Electricity

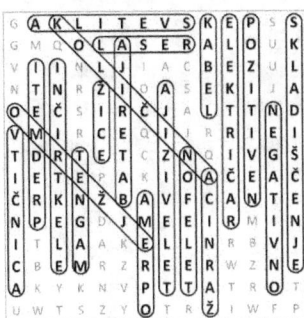

Dictionary

Activities
Dejavnosti

Activity	Aktivnost
Art	Umetnost
Camping	Kampiranje
Ceramics	Keramika
Crafts	Obrti
Dancing	Ples
Fishing	Ribolov
Games	Igre
Gardening	Vrtnarjenje
Hiking	Pohodništvo
Hunting	Lov
Knitting	Pletenje
Leisure	Prosti Čas
Magic	Magija
Photography	Fotografija
Pleasure	Užitek
Reading	Branje
Relaxation	Sprostitev
Sewing	Šivanje
Skill	Spretnost

Activities and Leisure
Aktivnosti in Prosti Čas

Art	Umetnost
Baseball	Baseball
Basketball	Košarka
Boxing	Boks
Camping	Kampiranje
Diving	Potapljanje
Fishing	Ribolov
Gardening	Vrtnarjenje
Golf	Golf
Hiking	Pohodništvo
Hobbies	Hobiji
Painting	Slika
Relaxing	Sproščujoče
Shopping	Nakupovanje
Soccer	Nogomet
Surfing	Deskanje
Swimming	Plavanje
Tennis	Tenis
Travel	Potovanje
Volleyball	Odbojka

Adjectives #1
Pridevniki #1

Absolute	Absolutno
Ambitious	Ambiciozen
Aromatic	Aromatično
Artistic	Umetniška
Attractive	Privlačna
Beautiful	Lepa
Dark	Temno
Exotic	Eksotično
Generous	Velikodušen
Happy	Vesel
Heavy	Težka
Helpful	Koristno
Honest	Iskren
Identical	Identično
Important	Pomembno
Modern	Moderno
Serious	Resno
Slow	Počasen
Thin	Tanek
Valuable	Vredno

Adjectives #2
Pridevniki #2

Authentic	Verodostojno
Creative	Kreativno
Descriptive	Opisno
Dry	Suha
Elegant	Elegantno
Famous	Slaven
Gifted	Nadarjen
Healthy	Zdrav
Hot	Vroče
Hungry	Lačni
Interesting	Zanimivo
Natural	Naravni
New	Novo
Productive	Produktivno
Proud	Ponosen
Responsible	Odgovoren
Salty	Slan
Sleepy	Zaspan
Strong	Močno
Wild	Divji

Adventure
Pustolovščina

Activity	Aktivnost
Beauty	Lepota
Bravery	Pogum
Challenges	Izzivi
Chance	Priložnost
Dangerous	Nevarno
Destination	Cilj
Difficulty	Težavnost
Enthusiasm	Navdušenje
Excursion	Izlet
Friends	Prijatelji
Itinerary	Itinerar
Joy	Veselje
Nature	Narava
Navigation	Navigacija
New	Novo
Preparation	Priprava
Safety	Varnost
Surprising	Presenetljivo
Unusual	Nenavadno

Airplanes
Letala

Adventure	Pustolovščina
Air	Zrak
Atmosphere	Atmosfera
Balloon	Balon
Construction	Gradnja
Crew	Posadka
Descent	Sestop
Design	Dizajn
Direction	Smer
Engine	Motor
Fuel	Gorivo
Height	Višina
History	Zgodovina
Hydrogen	Vodik
Landing	Pristanek
Passenger	Potnik
Pilot	Pilot
Propellers	Propelerji
Sky	Nebo
Turbulence	Turbulenca

Algebra
Algebra

Addition	Dodatek
Diagram	Diagram
Equation	Enačba
Exponent	Eksponent
Factor	Faktor
False	Napačno
Formula	Formula
Fraction	Ulomek
Graph	Graf
Infinite	Neskončno
Linear	Linearno
Matrix	Matrica
Number	Številka
Parenthesis	Oklepaj
Problem	Problem
Simplify	Poenostaviti
Solution	Rešitev
Subtraction	Odštevanje
Variable	Spremenljivka
Zero	Nič

Antarctica
Antarktika

Bay	Zaliv
Birds	Ptice
Clouds	Oblaki
Conservation	Ohranjanje
Continent	Celina
Environment	Okolje
Expedition	Ekspedicija
Geography	Geografija
Glaciers	Ledeniki
Ice	Led
Islands	Otoki
Migration	Migracija
Minerals	Minerali
Peninsula	Polotok
Researcher	Raziskovalec
Rocky	Skalnata
Scientific	Znanstveni
Temperature	Temperatura
Topography	Topografija
Water	Voda

Antiques
Starine

Art	Umetnost
Auction	Dražba
Authentic	Verodostojno
Century	Stoletje
Coins	Kovanci
Decades	Desetletja
Decorative	Okrasna
Elegant	Elegantno
Furniture	Pohištvo
Gallery	Galerija
Investment	Naložbe
Jewelry	Nakit
Old	Star
Price	Cena
Quality	Kakovost
Restoration	Obnova
Sculpture	Kiparstvo
Style	Slog
Unusual	Nenavadno
Value	Vrednost

Archeology
Arheologija

Analysis	Analiza
Antiquity	Antika
Bones	Kosti
Civilization	Civilizacija
Descendant	Potomec
Era	Era
Evaluation	Vrednotenje
Expert	Strokovnjak
Findings	Ugotovitve
Forgotten	Pozabili
Fossil	Fosil
Fragments	Fragmenti
Mystery	Skrivnost
Objects	Predmeti
Relic	Relikvija
Researcher	Raziskovalec
Team	Ekipa
Temple	Tempelj
Tomb	Grobnica
Unknown	Neznano

Art
Umetnost

Ceramic	Keramika
Complex	Kompleks
Composition	Sestava
Create	Ustvariti
Expression	Izraz
Figure	Slika
Honest	Iskren
Inspired	Navdihnjen
Mood	Razpoloženje
Original	Izvirnik
Paintings	Slike
Personal	Osebno
Poetry	Poezija
Sculpture	Kiparstvo
Simple	Preprosto
Subject	Predmet
Surrealism	Nadrealizem
Symbol	Simbol
Visual	Vizualno

Art Supplies
Potrebščine za Umetnine

Acrylic	Akril
Brushes	Ščetke
Camera	Fotoaparat
Chair	Stol
Charcoal	Oglje
Clay	Glina
Crayons	Barvice
Creativity	Ustvarjalnost
Easel	Stojalo
Eraser	Radirka
Glue	Lepilo
Ideas	Ideje
Ink	Črnilo
Oil	Olje
Paints	Barve
Paper	Papir
Pencils	Svinčniki
Table	Tabela
Water	Voda
Watercolors	Akvarel

Astronomy
Astronomija

Asteroid	Asteroid
Astronaut	Astronavt
Astronomer	Astronom
Constellation	Ozvezdje
Cosmos	Kozmos
Earth	Zemlja
Eclipse	Mrk
Equinox	Enakonočje
Galaxy	Galaksija
Meteor	Meteor
Moon	Luna
Nebula	Meglica
Observatory	Observatorij
Planet	Planet
Radiation	Sevanje
Rocket	Raketa
Satellite	Satelit
Sky	Nebo
Supernova	Supernova
Zodiac	Zodiak

Barbecues
Ražnji

Chicken	Piščanec
Children	Otroci
Dinner	Večerja
Family	Družina
Food	Hrana
Forks	Vilice
Friends	Prijatelji
Fruit	Sadje
Games	Igre
Grill	Žar
Hot	Vroče
Hunger	Lakota
Knives	Noži
Music	Glasba
Salads	Solate
Salt	Sol
Sauce	Omaka
Summer	Poletje
Tomatoes	Paradižnik
Vegetables	Zelenjava

Beauty
Lepota

Charm	Čar
Color	Barva
Cosmetics	Kozmetika
Curls	Kodri
Elegance	Elegance
Elegant	Elegantno
Fragrance	Dišava
Grace	Milost
Lipstick	Šminka
Makeup	Ličila
Mascara	Maskara
Mirror	Ogledalo
Oils	Olja
Photogenic	Fotogenično
Products	Izdelkov
Scissors	Škarje
Services	Storitve
Shampoo	Šampon
Skin	Koža
Stylist	Stilist

Bees
Čebele

Beneficial	Koristno
Blossom	Cvet
Diversity	Raznolikost
Ecosystem	Ekosistem
Flowers	Cvetje
Food	Hrana
Fruit	Sadje
Garden	Vrt
Habitat	Habitat
Hive	Panj
Honey	Med
Insect	Žuželke
Plants	Rastline
Pollen	Cvetni Prah
Pollinator	Opraševalec
Queen	Kraljica
Smoke	Dim
Sun	Sonce
Swarm	Roj
Wax	Vosek

Birds
Ptice

Canary	Kanarček
Chicken	Piščanec
Crow	Vrana
Cuckoo	Kukavica
Duck	Raca
Eagle	Orel
Egg	Jajce
Flamingo	Flamingo
Goose	Gos
Gull	Galeb
Heron	Čaplja
Ostrich	Noj
Parrot	Papiga
Peacock	Pav
Pelican	Pelikan
Penguin	Pingvin
Sparrow	Vrabec
Stork	Štorklja
Swan	Labod
Toucan	Tukan

Boats
Čolni

Anchor	Sidro
Buoy	Boja
Canoe	Kanu
Crew	Posadka
Dock	Dok
Engine	Motor
Ferry	Trajekt
Kayak	Kajak
Lake	Jezero
Lifeboat	Rešilni Čoln
Mast	Jambor
Nautical	Navtično
Ocean	Ocean
Raft	Splav
River	Reka
Rope	Vrv
Sailboat	Jadrnica
Sailor	Mornar
Sea	Morje
Yacht	Jahta

Books
Knjige

Adventure	Pustolovščina
Author	Avtor
Collection	Zbirka
Context	Kontekst
Duality	Dvojnost
Epic	Epski
Historical	Zgodovinski
Humorous	Šaljiv
Inventive	Iznajdljiv
Literary	Literarno
Novel	Roman
Page	Stran
Poem	Pesem
Poetry	Poezija
Reader	Bralec
Relevant	Relevantno
Series	Serija
Story	Zgodba
Tragic	Tragično
Written	Pisno

Boxing
Boks

Bell	Zvonec
Body	Telo
Chin	Brada
Corner	Vogal
Elbow	Komolec
Exhausted	Izčrpan
Fighter	Borec
Fist	Pest
Focus	Fokus
Gloves	Rokavice
Injuries	Rane
Kick	Brci
Opponent	Nasprotnik
Points	Točk
Quick	Hitro
Recovery	Obnovitev
Referee	Sodnik
Ropes	Vrvi
Skill	Spretnost
Strength	Moč

Buildings
Zgradbe

Apartment	Stanovanje
Barn	Skedenj
Cabin	Kabina
Castle	Grad
Cinema	Kino
Factory	Tovarna
Farm	Kmetija
Hospital	Bolnišnica
Hostel	Hostel
Hotel	Hotel
Laboratory	Laboratorij
Museum	Muzej
Observatory	Observatorij
School	Šola
Stadium	Stadion
Supermarket	Supermarket
Tent	Šotor
Theater	Gledališče
Tower	Stolp
University	Univerza

Business
Poslovna

Budget	Proračun
Career	Kariera
Company	Podjetje
Cost	Stroški
Currency	Valuta
Discount	Popust
Economics	Ekonomija
Employee	Zaposleni
Employer	Delodajalec
Factory	Tovarna
Finance	Finance
Income	Dohodek
Investment	Naložbe
Manager	Menedžer
Money	Denar
Office	Pisarna
Profit	Dobiček
Sale	Prodaja
Shop	Trgovina
Taxes	Davki

Camping
Kampiranje

Adventure	Pustolovščina
Animals	Živali
Cabin	Kabina
Canoe	Kanu
Compass	Kompas
Fire	Požar
Forest	Gozd
Fun	Zabavno
Hammock	Viseča Mreža
Hat	Klobuk
Hunting	Lov
Insect	Žuželke
Lake	Jezero
Map	Zemljevid
Moon	Luna
Mountain	Gora
Nature	Narava
Rope	Vrv
Tent	Šotor
Trees	Drevesa

Chemistry
Kemija

Acid	Kislina
Alkaline	Alkalna
Atomic	Atomski
Carbon	Ogljik
Catalyst	Katalizator
Chlorine	Klor
Electron	Elektron
Enzyme	Encim
Gas	Plin
Heat	Toplota
Hydrogen	Vodik
Ion	Ion
Liquid	Tekočina
Molecule	Molekula
Nuclear	Jedrsko
Organic	Organski
Oxygen	Kisik
Salt	Sol
Temperature	Temperatura
Weight	Teža

Chocolate
Čokolada

Antioxidant	Antioksidant
Aroma	Aroma
Bitter	Grenko
Cacao	Cacao
Calories	Kalorij
Candy	Sladkarije
Caramel	Karamela
Coconut	Kokos
Craving	Hrepenenje
Delicious	Odlično
Exotic	Eksotično
Favorite	Najljubši
Ingredient	Sestavina
Peanuts	Arašidi
Quality	Kakovost
Recipe	Recept
Sugar	Sladkor
Sweet	Sladko
Taste	Okus
To Eat	Jesti

Circus
Cirkus.

Acrobat	Akrobat
Animals	Živali
Balloons	Baloni
Candy	Sladkarije
Clown	Klovn
Costume	Kostum
Elephant	Slon
Entertain	Zabavati
Juggler	Žongler
Lion	Lev
Magic	Magija
Magician	Čarovnik
Monkey	Opica
Music	Glasba
Parade	Parada
Spectacular	Spektakularno
Spectator	Gledalec
Tent	Šotor
Tiger	Tiger
Trick	Trik

Clothes
Oblačila

Apron	Predpasnik
Belt	Pas
Blouse	Bluza
Bracelet	Zapestnica
Coat	Plašč
Dress	Obleka
Fashion	Moda
Gloves	Rokavice
Hat	Klobuk
Jacket	Jakna
Jeans	Kavbojke
Jewelry	Nakit
Pajamas	Pižame
Pants	Hlače
Sandals	Sandali
Scarf	Šal
Shirt	Srajca
Shoe	Čevelj
Skirt	Krilo
Sweater	Pulover

Countries #1
Države #1

Brazil	Brazilija
Canada	Kanada
Egypt	Egipt
Finland	Finska
Germany	Nemčija
Iraq	Irak
Israel	Izrael
Italy	Italija
Latvia	Latvija
Libya	Libija
Morocco	Maroko
Nicaragua	Nikaragva
Norway	Norveška
Panama	Panama
Poland	Poljska
Romania	Romunija
Senegal	Senegal
Spain	Španija
Venezuela	Venezuela
Vietnam	Vietnam

Countries #2
Države #2

Albania	Albanija
Denmark	Danska
Ethiopia	Etiopija
Greece	Grčija
Haiti	Haiti
Jamaica	Jamajka
Japan	Japonska
Laos	Laos
Lebanon	Libanon
Liberia	Liberija
Mexico	Mehika
Nepal	Nepal
Nigeria	Nigerija
Pakistan	Pakistan
Russia	Rusija
Somalia	Somalija
Sudan	Sudan
Syria	Sirija
Uganda	Uganda
Ukraine	Ukrajina

Creativity
Ustvarjalnost

Artistic	Umetniška
Authenticity	Pristnost
Clarity	Jasnost
Dramatic	Dramatično
Emotions	Čustva
Expression	Izraz
Fluidity	Fluidnost
Ideas	Ideje
Image	Slika
Imagination	Domišljija
Impression	Vtis
Inspiration	Navdih
Intensity	Intenzivnost
Intuition	Intuicija
Inventive	Iznajdljiv
Sensation	Občutek
Skill	Spretnost
Spontaneous	Spontano
Visions	Vizije
Vitality	Vitalnost

Days and Months
Dnevi in Meseci

April	April
August	Avgust
Calendar	Koledar
February	Februar
Friday	Petek
January	Januar
July	Julij
March	Marec
Monday	Ponedeljek
Month	Mesec
November	November
October	Oktober
Saturday	Sobota
September	September
Sunday	Nedelja
Thursday	Četrtek
Tuesday	Torek
Wednesday	Sreda
Week	Teden
Year	Leto

Diplomacy
Diplomacija

Adviser	Svetovalec
Ambassador	Ambasador
Citizens	Državljani
Civic	Civic
Community	Skupnost
Conflict	Konflikt
Cooperation	Sodelovanje
Diplomatic	Diplomatski
Discussion	Diskusija
Ethics	Etika
Foreign	Tuj
Government	Vlada
Humanitarian	Humanitarna
Integrity	Celovitost
Justice	Pravičnost
Politics	Politika
Resolution	Resolucija
Security	Varnost
Solution	Rešitev
Treaty	Pogodba

Driving
Vožnja

Accident	Nesreča
Brakes	Zavore
Car	Avto
Danger	Nevarnost
Driver	Voznik
Fuel	Gorivo
Garage	Garaža
Gas	Plin
License	Licenca
Map	Zemljevid
Motor	Motor
Motorcycle	Motocikel
Pedestrian	Pešec
Police	Policija
Road	Cesta
Safety	Varnost
Speed	Hitrost
Traffic	Promet
Truck	Tovornjak
Tunnel	Tunel

Ecology
Ekologija

Climate	Podnebje
Communities	Skupnosti
Diversity	Raznolikost
Drought	Suša
Fauna	Favna
Flora	Flora
Global	Globalno
Habitat	Habitat
Marine	Morski
Marsh	Močvirje
Mountains	Gore
Natural	Naravni
Nature	Narava
Plants	Rastline
Resources	Viri
Species	Vrste
Survival	Preživetje
Sustainable	Trajnostno
Vegetation	Vegetacija
Volunteers	Prostovoljci

Electricity
Električna Energija

Battery	Baterija
Bulb	Žarnica
Cable	Kabel
Electric	Električni
Electrician	Električar
Equipment	Oprema
Generator	Generator
Lamp	Svetilka
Laser	Laser
Magnet	Magnet
Negative	Negativno
Network	Omrežje
Objects	Predmeti
Positive	Pozitiven
Quantity	Količina
Socket	Vtičnica
Storage	Skladiščenje
Telephone	Telefon
Television	Televizija
Wires	Žice

Emotions
Čustva

Anger	Jeza
Bliss	Blaženost
Boredom	Dolgčas
Calm	Miren
Content	Vsebina
Excited	Navdušen
Fear	Strah
Grateful	Hvaležen
Joy	Veselje
Kindness	Prijaznost
Love	Ljubezen
Peace	Mir
Relaxed	Sproščen
Relief	Relief
Sadness	Žalost
Satisfied	Zadovoljni
Surprise	Presenečenje
Sympathy	Sočutje
Tenderness	Nežnost
Tranquility	Spokojnost

Energy
Energetika

Battery	Baterija
Carbon	Ogljik
Diesel	Dizel
Electric	Električni
Electron	Elektron
Entropy	Entropija
Environment	Okolje
Fuel	Gorivo
Gasoline	Bencin
Heat	Toplota
Hydrogen	Vodik
Industry	Industrija
Motor	Motor
Nuclear	Jedrsko
Photon	Foton
Pollution	Onesnaževanje
Renewable	Obnovljiv
Steam	Para
Turbine	Turbina
Wind	Veter

Engineering
Inženirstvo

Angle	Kot
Axis	Os
Calculation	Izračun
Construction	Gradnja
Depth	Globina
Diagram	Diagram
Diameter	Premer
Diesel	Dizel
Distribution	Distribucija
Energy	Energija
Gears	Zobniki
Levers	Vzvodi
Liquid	Tekočina
Machine	Stroj
Measurement	Meritev
Motor	Motor
Propulsion	Pogon
Stability	Stabilnost
Strength	Moč
Structure	Struktura

Family
Družinska

Ancestor	Prednik
Aunt	Teta
Brother	Brat
Child	Otrok
Childhood	Otroštvo
Children	Otroci
Cousin	Bratranec
Daughter	Hči
Father	Oče
Grandfather	Dedek
Grandson	Vnuk
Husband	Mož
Maternal	Materna
Mother	Mati
Nephew	Nečak
Niece	Nečakinja
Paternal	Očetovski
Sister	Sestra
Uncle	Stric
Wife	Žena

Farm #1
Kmetija #1

Agriculture	Kmetijstvo
Bee	Čebela
Bison	Bizon
Calf	Tele
Cat	Mačka
Chicken	Piščanec
Cow	Krava
Crow	Vrana
Dog	Pes
Donkey	Osel
Fence	Ograja
Fertilizer	Gnojilo
Field	Polje
Goat	Koza
Hay	Seno
Honey	Med
Horse	Konj
Rice	Riž
Seeds	Semena
Water	Voda

Farm #2
Kmetija #2

Animals	Živali
Barley	Ječmen
Barn	Skedenj
Beehive	Panj
Corn	Koruza
Duck	Raca
Farmer	Kmet
Food	Hrana
Fruit	Sadje
Irrigation	Namakanje
Lamb	Jagnjetina
Llama	Lama
Meadow	Travnik
Milk	Mleko
Orchard	Sadovnjak
Sheep	Ovce
Shepherd	Pastir
Tractor	Traktor
Vegetable	Zelenjava
Wheat	Pšenica

Flowers
Cvetovi

Bouquet	Šopek
Clover	Detelja
Daisy	Marjetica
Dandelion	Regrat
Gardenia	Gardenija
Hibiscus	Hibiskus
Jasmine	Jasmina
Lavender	Sivka
Lilac	Lila
Lily	Lija
Magnolia	Magnolija
Orchid	Orhideja
Passionflower	Pasijonka
Peony	Potonika
Petal	Cvetni List
Plumeria	Plumeria
Poppy	Mak
Rose	Vrtnica
Sunflower	Sončnica
Tulip	Tulipan

Food #1
Hrana #1

Apricot	Marelica
Barley	Ječmen
Basil	Bazilika
Carrot	Korenje
Cinnamon	Cimet
Garlic	Česen
Juice	Sok
Lemon	Limona
Milk	Mleko
Onion	Čebula
Peanut	Arašid
Pear	Hruška
Salad	Solata
Salt	Sol
Soup	Juha
Spinach	Špinača
Strawberry	Jagoda
Sugar	Sladkor
Tuna	Tuna
Turnip	Repa

Food #2
Hrana #2

Apple	Jabolko
Artichoke	Artičoka
Banana	Banana
Broccoli	Brokoli
Celery	Zelena
Cheese	Sir
Cherry	Češnja
Chicken	Piščanec
Chocolate	Čokolada
Egg	Jajce
Eggplant	Jajčevec
Fish	Ribe
Grape	Grozdje
Ham	Šunka
Kiwi	Kivi
Mushroom	Goba
Rice	Riž
Tomato	Paradižnik
Wheat	Pšenica
Yogurt	Jogurt

Force and Gravity
Sila in Gravitacija

Axis	Os
Center	Center
Discovery	Odkritje
Distance	Razdalja
Dynamic	Dinamično
Expansion	Širitev
Friction	Trenje
Impact	Vpliv
Magnetism	Magnetizem
Mechanics	Mehanika
Momentum	Zagon
Motion	Gibanje
Orbit	Orbita
Physics	Fizika
Pressure	Tlak
Properties	Lastnosti
Speed	Hitrost
Time	Čas
Universal	Univerzalno
Weight	Teža

Fruit
Sadje

Apple	Jabolko
Apricot	Marelica
Avocado	Avokado
Banana	Banana
Berry	Jagodičje
Cherry	Češnja
Coconut	Kokos
Fig	Figa
Grape	Grozdje
Guava	Guava
Kiwi	Kivi
Lemon	Limona
Mango	Mango
Melon	Melona
Nectarine	Nektarin
Papaya	Papaja
Peach	Breskev
Pear	Hruška
Pineapple	Ananas
Raspberry	Malina

Garden
Vrt

Bench	Klop
Bush	Grm
Fence	Ograja
Flower	Cvet
Garage	Garaža
Garden	Vrt
Grass	Trava
Hammock	Viseča Mreža
Hose	Cev
Lawn	Trata
Orchard	Sadovnjak
Pond	Ribnik
Porch	Veranda
Rake	Grablje
Rocks	Skale
Shovel	Lopata
Terrace	Terasa
Trampoline	Trampolin
Tree	Drevo
Weeds	Plevel

Gardening
Vrtnarjenje

Blossom	Cvet
Botanical	Botanični
Bouquet	Šopek
Climate	Podnebje
Compost	Kompost
Container	Posoda
Dirt	Umazanija
Edible	Užitna
Exotic	Eksotično
Floral	Cvetni
Foliage	Listje
Hose	Cev
Leaf	List
Moisture	Vlaga
Orchard	Sadovnjak
Seasonal	Sezonsko
Seeds	Semena
Soil	Prst
Species	Vrste
Water	Voda

Geography
Geografija

Altitude	Višina
Atlas	Atlas
City	Mesto
Continent	Celina
Country	Država
Equator	Ekvator
Hemisphere	Polobla
Island	Otok
Map	Zemljevid
Meridian	Poldnevnik
Mountain	Gora
North	Sever
Ocean	Ocean
Region	Regija
River	Reka
Sea	Morje
South	Jug
Territory	Ozemlje
West	Zahod
World	Svet

Geology
Geologija

Acid	Kislina
Calcium	Kalcij
Cavern	Votlina
Continent	Celina
Coral	Korale
Crystals	Kristali
Cycles	Cikli
Earthquake	Potres
Erosion	Erozija
Fossil	Fosil
Geyser	Gejzir
Lava	Lava
Layer	Plast
Minerals	Minerali
Plateau	Plato
Quartz	Kremen
Salt	Sol
Stalactite	Stalaktit
Stone	Kamen
Volcano	Vulkan

Geometry
Geometrija

Angle	Kot
Calculation	Izračun
Circle	Krog
Curve	Krivulja
Diameter	Premer
Dimension	Dimenzija
Equation	Enačba
Height	Višina
Horizontal	Vodoravno
Logic	Logika
Mass	Masa
Median	Mediana
Number	Številka
Parallel	Vzporedno
Proportion	Delež
Segment	Segment
Surface	Površina
Symmetry	Simetrija
Theory	Teorija
Triangle	Trikotnik

Government
Država

Citizenship	Državljanstvo
Civil	Civilno
Constitution	Ustava
Democracy	Demokracija
Discussion	Diskusija
District	Okraj
Equality	Enakost
Independence	Neodvisnost
Judicial	Sodni
Justice	Pravičnost
Law	Pravo
Leader	Vodja
Legal	Pravni
Liberty	Svoboda
Monument	Spomenik
Nation	Država
Peaceful	Mirno
Politics	Politika
Speech	Govor
Symbol	Simbol

Hair Types
Vrste Las

Bald	Plešast
Black	Črna
Blond	Blond
Braided	Pleteno
Braids	Kite
Brown	Rjav
Curls	Kodri
Curly	Kodrasti
Dry	Suha
Gray	Siva
Healthy	Zdrav
Long	Dolga
Shiny	Sijoče
Short	Kratek
Silver	Srebro
Soft	Mehko
Thick	Debel
Thin	Tanek
Wavy	Valovita
White	Bela

Health and Wellness #1
Zdravje in Dobro Počutje

Active	Aktivno
Bacteria	Bakterije
Bones	Kosti
Clinic	Klinika
Doctor	Zdravnik
Fracture	Zlom
Habit	Navada
Height	Višina
Hormones	Hormoni
Hunger	Lakota
Medicine	Zdravilo
Muscles	Mišice
Nerves	Živci
Pharmacy	Lekarna
Reflex	Refleks
Relaxation	Sprostitev
Skin	Koža
Therapy	Terapija
Treatment	Zdravljenje
Virus	Virus

Health and Wellness #2
Zdravje in Dobro Počutje

Allergy	Alergija
Anatomy	Anatomija
Appetite	Apetit
Blood	Kri
Calorie	Kalorij
Dehydration	Dehidracija
Diet	Dieta
Disease	Bolezen
Energy	Energija
Genetics	Genetika
Healthy	Zdrav
Hospital	Bolnišnica
Hygiene	Higiena
Infection	Okužba
Massage	Masaža
Nutrition	Prehrana
Recovery	Obnovitev
Stress	Stres
Vitamin	Vitamin
Weight	Teža

Herbalism
Zeliščarstvo

Aromatic	Aromatično
Basil	Bazilika
Beneficial	Koristno
Culinary	Kulinarika
Fennel	Koromač
Flavor	Okus
Flower	Cvet
Garden	Vrt
Garlic	Česen
Green	Zelena
Ingredient	Sestavina
Lavender	Sivka
Marjoram	Majaron
Mint	Meta
Oregano	Origano
Parsley	Peteršilj
Plant	Rastlina
Rosemary	Rožmarin
Saffron	Žafran
Tarragon	Pehtran

Hiking
Pohodništvo

Animals	Živali
Boots	Škornji
Camping	Kampiranje
Climate	Podnebje
Guides	Vodniki
Hazards	Nevarnosti
Heavy	Težka
Map	Zemljevid
Mosquitoes	Komarji
Mountain	Gora
Nature	Narava
Orientation	Orientacija
Parks	Parki
Preparation	Priprava
Stones	Kamni
Summit	Vrh
Sun	Sonce
Tired	Utrujen
Water	Voda
Wild	Divji

House
Hiša

Attic	Podstrešje
Broom	Metla
Curtains	Zavese
Door	Vrata
Fence	Ograja
Fireplace	Kamin
Floor	Tla
Furniture	Pohištvo
Garage	Garaža
Garden	Vrt
Keys	Tipke
Kitchen	Kuhinja
Lamp	Svetilka
Library	Knjižnica
Mirror	Ogledalo
Roof	Streha
Room	Soba
Shower	Tuš
Wall	Zid
Window	Okno

Human Body
Človeško Telo

Ankle	Gleženj
Blood	Kri
Bones	Kosti
Brain	Možgani
Chin	Brada
Ear	Uho
Elbow	Komolec
Face	Obraz
Finger	Prst
Hand	Roka
Head	Glava
Heart	Srce
Jaw	Čeljust
Knee	Koleno
Leg	Noga
Mouth	Usta
Neck	Vrat
Nose	Nos
Shoulder	Rama
Skin	Koža

Insects
Žuželke

Ant	Mravlja
Aphid	Listna Uš
Bee	Čebela
Beetle	Hrošč
Butterfly	Metulj
Cicada	Škržat
Cockroach	Ščurek
Dragonfly	Kačji Pastir
Flea	Bolha
Gnat	Gnat
Grasshopper	Kobilica
Hornet	Sršen
Ladybug	Pikapolonica
Larva	Ličinka
Mantis	Mantis
Mosquito	Komar
Moth	Molj
Termite	Termit
Wasp	Osa
Worm	Črv

Jazz
Jazz

Album	Album
Applause	Aplavz
Artist	Umetnik
Composer	Skladatelj
Composition	Sestava
Concert	Koncert
Drums	Bobni
Emphasis	Poudarek
Famous	Slaven
Favorites	Najljubši
Improvisation	Improvizacija
Music	Glasba
New	Novo
Old	Star
Orchestra	Orkester
Rhythm	Ritem
Song	Pesem
Style	Slog
Talent	Talent
Technique	Tehnika

Kitchen
Kuhinja

Apron	Predpasnik
Bowl	Skleda
Chopsticks	Palčke
Cups	Skodelice
Food	Hrana
Forks	Vilice
Freezer	Zamrzovalnik
Grill	Žar
Jar	Jar
Jug	Vrč
Kettle	Kotliček
Knives	Noži
Napkin	Prtiček
Oven	Pečica
Recipe	Recept
Refrigerator	Hladilnik
Spices	Začimbe
Sponge	Goba
Spoons	Žlice
To Eat	Jesti

Landscapes
Pokrajine

Beach	Plaža
Cave	Jama
Desert	Puščava
Geyser	Gejzir
Glacier	Ledenik
Hill	Hrib
Iceberg	Ledena Gora
Island	Otok
Lake	Jezero
Mountain	Gora
Oasis	Oaza
Ocean	Ocean
Peninsula	Polotok
River	Reka
Sea	Morje
Swamp	Močvirje
Tundra	Tundra
Valley	Dolina
Volcano	Vulkan
Waterfall	Slap

Literature
Literatura

Analogy	Analogija
Analysis	Analiza
Anecdote	Anekdota
Author	Avtor
Biography	Biografija
Comparison	Primerjava
Conclusion	Sklep
Description	Opis
Dialogue	Dialog
Fiction	Fikcija
Metaphor	Metafora
Novel	Roman
Opinion	Mnenje
Poem	Pesem
Poetic	Poetično
Rhyme	Rima
Rhythm	Ritem
Style	Slog
Theme	Tema
Tragedy	Tragedija

Mammals
Sesalci

Bear	Medved
Beaver	Bober
Bull	Bik
Cat	Mačka
Coyote	Kojot
Dog	Pes
Dolphin	Delfin
Elephant	Slon
Fox	Lisica
Giraffe	Žirafa
Gorilla	Gorila
Horse	Konj
Kangaroo	Kenguru
Lion	Lev
Monkey	Opica
Rabbit	Zajec
Sheep	Ovce
Whale	Kit
Wolf	Volk
Zebra	Zebra

Math
Matematika

Angles	Koti
Arithmetic	Aritmetika
Circumference	Obod
Decimal	Decimalno
Diameter	Premer
Equation	Enačba
Exponent	Eksponent
Fraction	Ulomek
Geometry	Geometrija
Numbers	Številke
Parallel	Vzporedno
Parallelogram	Paralelogram
Perimeter	Obseg
Polygon	Poligon
Radius	Polmer
Rectangle	Pravokotnik
Square	Kvadrat
Sum	Vsota
Symmetry	Simetrija
Triangle	Trikotnik

Meditation
Meditacija.

Acceptance	Sprejem
Attention	Pozornost
Awake	Buden
Breathing	Dihanje
Calm	Miren
Clarity	Jasnost
Compassion	Sočutje
Emotions	Čustva
Gratitude	Hvaležnost
Habits	Navade
Kindness	Prijaznost
Mental	Duševno
Mind	Um
Movement	Gibanje
Music	Glasba
Nature	Narava
Peace	Mir
Perspective	Perspektiva
Silence	Tišina
Thoughts	Misli

Music
Glasba

Album	Album
Ballad	Balada
Chorus	Refren
Classical	Klasična
Eclectic	Eklektično
Harmonic	Harmonično
Harmony	Harmonija
Instrument	Instrument
Lyrical	Lirično
Melody	Melodija
Microphone	Mikrofon
Musical	Glasbeni
Musician	Glasbenik
Opera	Opera
Poetic	Poetično
Recording	Snemanje
Rhythm	Ritem
Rhythmic	Ritmičen
Sing	Peti
Singer	Pevec

Musical Instruments
Glasbila

Banjo	Banjo
Bassoon	Fagot
Cello	Violončelo
Chimes	Zvončki
Clarinet	Klarinet
Drum	Boben
Flute	Flavta
Gong	Gong
Guitar	Kitara
Harp	Harfa
Mandolin	Mandolina
Marimba	Marimba
Oboe	Oboa
Percussion	Tolkala
Piano	Klavir
Saxophone	Saksofon
Tambourine	Tamburin
Trombone	Trombon
Trumpet	Trobenta
Violin	Violina

Mythology
Mitologija

Archetype	Arhetip
Behavior	Vedenje
Creation	Ustvarjanje
Creature	Bitje
Culture	Kultura
Deities	Božanstva
Disaster	Katastrofa
Heaven	Nebesa
Hero	Junak
Immortality	Nesmrtnost
Jealousy	Ljubosumje
Labyrinth	Labirint
Legend	Legenda
Lightning	Strele
Monster	Pošast
Mortal	Smrtni
Revenge	Maščevanje
Strength	Moč
Thunder	Grom
Warrior	Bojevnik

Numbers
Številke

Decimal	Decimalno
Eight	Osem
Eighteen	Osemnajst
Fifteen	Petnajst
Five	Pet
Four	Štiri
Fourteen	Štirinajst
Nine	Devet
Nineteen	Devetnajst
One	Ena
Seven	Sedem
Seventeen	Sedemnajst
Six	Šest
Sixteen	Šestnajst
Ten	Deset
Thirteen	Trinajst
Three	Tri
Twelve	Dvanajst
Twenty	Dvajset
Two	Dva

Nutrition
Prehrana

Appetite	Apetit
Balanced	Uravnoteženo
Bitter	Grenko
Calories	Kalorij
Diet	Dieta
Digestion	Prebava
Edible	Užitna
Fermentation	Fermentacija
Flavor	Okus
Habits	Navade
Health	Zdravje
Healthy	Zdrav
Liquids	Tekočine
Nutrient	Hranilo
Proteins	Beljakovine
Quality	Kakovost
Sauce	Omaka
Toxin	Toksin
Vitamin	Vitamin
Weight	Teža

Ocean
Ocean

Algae	Alge
Coral	Korale
Crab	Rak
Dolphin	Delfin
Eel	Jegulja
Fish	Ribe
Jellyfish	Meduze
Octopus	Hobotnica
Oyster	Ostrige
Reef	Greben
Salt	Sol
Shark	Morski Pes
Shrimp	Kozica
Sponge	Goba
Storm	Nevihta
Tides	Plimovanje
Tuna	Tuna
Turtle	Želva
Waves	Valovi
Whale	Kit

Pets
Hišni Ljubljenčki

Cat	Mačka
Collar	Ovratnik
Cow	Krava
Dog	Pes
Fish	Ribe
Food	Hrana
Goat	Koza
Hamster	Hrček
Kitten	Mucka
Leash	Povodec
Lizard	Kuščar
Mouse	Miš
Parrot	Papiga
Paws	Tace
Puppy	Kužek
Rabbit	Zajec
Tail	Rep
Turtle	Želva
Veterinarian	Veterinar
Water	Voda

Philanthropy
Filantropija

Challenges	Izzivi
Charity	Dobrodelnost
Children	Otroci
Community	Skupnost
Contacts	Stiki
Finance	Finance
Funds	Sredstva
Generosity	Velikodušnost
Global	Globalno
Goals	Cilji
Groups	Skupine
History	Zgodovina
Honesty	Poštenost
Humanity	Človeštvo
Mission	Misija
Need	Potreba
People	Ljudje
Programs	Programi
Public	Javno
Youth	Mladina

Physics
Fizika

Acceleration	Pospešek
Atom	Atom
Chaos	Kaos
Chemical	Kemikalija
Density	Gostota
Electron	Elektron
Engine	Motor
Expansion	Širitev
Formula	Formula
Frequency	Frekvenca
Gas	Plin
Magnetism	Magnetizem
Mass	Masa
Mechanics	Mehanika
Molecule	Molekula
Nuclear	Jedrsko
Particle	Delec
Relativity	Relativnost
Universal	Univerzalno
Velocity	Hitrost

Plants
Rastline

Bamboo	Bambus
Bean	Fižol
Berry	Jagodičje
Botany	Botanika
Bush	Grm
Cactus	Kaktus
Fertilizer	Gnojilo
Flora	Flora
Flower	Cvet
Foliage	Listje
Forest	Gozd
Garden	Vrt
Grass	Trava
Ivy	Bršljan
Moss	Mah
Petal	Cvetni List
Root	Koren
Stem	Steblo
Tree	Drevo
Vegetation	Vegetacija

Professions #1
Poklici #1

Ambassador	Ambasador
Astronomer	Astronom
Attorney	Odvetnik
Banker	Bankir
Cartographer	Kartograf
Coach	Trener
Dancer	Plesalka
Doctor	Zdravnik
Editor	Urednik
Firefighter	Gasilec
Geologist	Geolog
Hunter	Lovec
Jeweler	Zlatar
Musician	Glasbenik
Pianist	Pianist
Plumber	Vodovodar
Psychologist	Psiholog
Sailor	Mornar
Tailor	Krojač
Veterinarian	Veterinar

Professions #2
Poklici #2

Astronaut	Astronavt
Biologist	Biolog
Dentist	Zobozdravnik
Detective	Detektiv
Engineer	Inženir
Farmer	Kmet
Gardener	Vrtnar
Illustrator	Ilustrator
Inventor	Izumitelj
Journalist	Novinar
Librarian	Knjižničar
Linguist	Jezikoslovec
Painter	Slikar
Philosopher	Filozof
Photographer	Fotograf
Physician	Zdravnik
Pilot	Pilot
Surgeon	Kirurg
Teacher	Učitelj
Zoologist	Zoolog

Psychology
Psihologija

Appointment	Imenovanje
Assessment	Ocena
Behavior	Vedenje
Childhood	Otroštvo
Clinical	Klinični
Conflict	Konflikt
Dreams	Sanje
Ego	Ego
Emotions	Čustva
Experiences	Izkušnje
Ideas	Ideje
Perception	Percepcija
Personality	Osebnost
Problem	Problem
Reality	Resničnost
Sensation	Občutek
Subconscious	Podzavest
Therapy	Terapija
Thoughts	Misli
Unconscious	Nezavesten

Rainforest
Deževni Gozd

Amphibians	Dvoživke
Birds	Ptice
Botanical	Botanični
Climate	Podnebje
Clouds	Oblaki
Community	Skupnost
Diversity	Raznolikost
Indigenous	Avtohtona
Insects	Žuželke
Jungle	Džungla
Mammals	Sesalci
Moss	Mah
Nature	Narava
Preservation	Ohranjanje
Refuge	Zatočišče
Respect	Spoštovanje
Restoration	Obnova
Species	Vrste
Survival	Preživetje
Valuable	Vredno

Restaurant #1
Restavracija #1

Allergy	Alergija
Bowl	Skleda
Bread	Kruh
Cashier	Blagajnik
Chicken	Piščanec
Coffee	Kava
Dessert	Sladica
Food	Hrana
Ingredients	Sestavine
Kitchen	Kuhinja
Knife	Nož
Meat	Meso
Menu	Meni
Napkin	Prtiček
Plate	Plošča
Reservation	Rezervacija
Sauce	Omaka
Spicy	Začinjen
To Eat	Jesti
Waitress	Natakarica

Restaurant #2
Restavracija #2

Beverage	Pijača
Cake	Torta
Chair	Stol
Delicious	Odlično
Dinner	Večerja
Eggs	Jajca
Fish	Ribe
Fork	Vilice
Fruit	Sadje
Ice	Led
Lunch	Kosilo
Noodles	Rezanci
Salad	Solata
Salt	Sol
Soup	Juha
Spices	Začimbe
Spoon	Žlica
Vegetables	Zelenjava
Waiter	Natakar
Water	Voda

Science
Znanost

Atom	Atom
Chemical	Kemikalija
Climate	Podnebje
Data	Podatki
Evolution	Evolucija
Experiment	Poskus
Fact	Dejstvo
Fossil	Fosil
Gravity	Gravitacija
Hypothesis	Hipoteza
Laboratory	Laboratorij
Method	Metoda
Minerals	Minerali
Molecules	Molekule
Nature	Narava
Organism	Organizem
Particles	Delci
Physics	Fizika
Plants	Rastline
Scientist	Znanstvenik

Science Fiction
Znanstvena Fantastika.

Atomic	Atomski
Books	Knjige
Chemicals	Kemikalije
Cinema	Kino
Dystopia	Distopija
Explosion	Eksplozija
Extreme	Ekstremno
Fantastic	Fantastično
Fire	Požar
Futuristic	Futuristično
Galaxy	Galaksija
Illusion	Iluzija
Imaginary	Imaginarno
Mysterious	Skrivnostno
Oracle	Orakelj
Planet	Planet
Robots	Roboti
Technology	Tehnologija
Utopia	Utopija
World	Svet

Scientific Disciplines
Znanstvene Discipline

Anatomy	Anatomija
Archaeology	Arheologija
Astronomy	Astronomija
Biochemistry	Biokemija
Biology	Biologija
Botany	Botanika
Chemistry	Kemija
Ecology	Ekologija
Geology	Geologija
Immunology	Imunologija
Kinesiology	Kineziologija
Linguistics	Jezikoslovje
Mechanics	Mehanika
Mineralogy	Mineralogija
Neurology	Nevrologija
Physiology	Fiziologija
Psychology	Psihologija
Sociology	Sociologija
Thermodynamics	Termodinamika
Zoology	Zoologija

Shapes
Oblike

Arc	Lok
Circle	Krog
Cone	Stožec
Corner	Vogal
Cube	Kocka
Curve	Krivulja
Cylinder	Valj
Edges	Robovi
Ellipse	Elipsa
Hyperbola	Hiperbola
Line	Črta
Oval	Ovalna
Polygon	Poligon
Prism	Prizmo
Pyramid	Piramida
Rectangle	Pravokotnik
Side	Stran
Sphere	Sfera
Square	Kvadrat
Triangle	Trikotnik

Spices
Začimbe

Anise	Janež
Bitter	Grenko
Cardamom	Kardamom
Cinnamon	Cimet
Coriander	Koriander
Cumin	Kumina
Curry	Curry
Fennel	Koromač
Flavor	Okus
Garlic	Česen
Ginger	Ingver
Onion	Čebula
Paprika	Paprika
Pepper	Poper
Saffron	Žafran
Salt	Sol
Sour	Kislo
Sweet	Sladko
Turmeric	Kurkuma
Vanilla	Vanilija

The Company
Podjetje

Business	Posel
Creative	Kreativno
Decision	Odločitev
Employment	Zaposlitev
Global	Globalno
Industry	Industrija
Innovative	Inovativno
Investment	Naložbe
Possibility	Možnost
Presentation	Predstavitev
Product	Izdelek
Professional	Strokovno
Progress	Napredek
Quality	Kakovost
Reputation	Ugled
Resources	Viri
Revenue	Prihodki
Risks	Tveganja
Trends	Trendi
Units	Enot

The Media
Mediji

Advertisements	Oglasi
Attitudes	Odnos
Commercial	Komercialni
Communication	Sporočilo
Digital	Digitalno
Edition	Izdaja
Education	Izobraževanje
Facts	Dejstva
Funding	Financiranje
Images	Slike
Individual	Posameznik
Industry	Industrija
Intellectual	Intelektualno
Local	Lokalni
Network	Omrežje
Newspapers	Časopisi
Online	Na Spletu
Opinion	Mnenje
Public	Javno
Radio	Radio

Time
Čas

Annual	Letni
Before	Pred
Calendar	Koledar
Century	Stoletje
Clock	Ura
Day	Dan
Decade	Desetletje
Early	Zgodaj
Future	Prihodnost
Minute	Minuta
Month	Mesec
Morning	Jutro
Night	Noč
Noon	Opoldne
Now	Zdaj
Soon	Kmalu
Today	Danes
Week	Teden
Year	Leto
Yesterday	Včeraj

To Fill
Za Zapolnitev

Bag	Torba
Barrel	Sod
Basin	Bazen
Basket	Košara
Bottle	Steklenica
Box	Škatla
Bucket	Vedro
Crate	Zaboj
Drawer	Predal
Envelope	Ovojnica
Folder	Mapa
Jar	Jar
Packet	Paket
Pocket	Žep
Suitcase	Kovček
Tray	Pladenj
Tub	Kad
Tube	Cev
Vase	Vaza
Vessel	Plovilo

Town
Mesto

Airport	Letališče
Bakery	Pekarna
Bank	Banka
Bookstore	Knjigarna
Cinema	Kino
Clinic	Klinika
Florist	Cvetličar
Gallery	Galerija
Hotel	Hotel
Library	Knjižnica
Market	Trg
Museum	Muzej
Pharmacy	Lekarna
School	Šola
Stadium	Stadion
Store	Trgovina
Supermarket	Supermarket
Theater	Gledališče
University	Univerza
Zoo	Živalski Vrt

Universe
Vesolje

Asteroid	Asteroid
Astronomer	Astronom
Astronomy	Astronomija
Atmosphere	Atmosfera
Cosmic	Kozmično
Darkness	Tema
Eon	Eon
Equator	Ekvator
Galaxy	Galaksija
Hemisphere	Polobla
Horizon	Obzorje
Moon	Luna
Orbit	Orbita
Sky	Nebo
Solar	Sončni
Solstice	Solsticij
Telescope	Teleskop
Tilt	Nagib
Visible	Vidno
Zodiac	Zodiak

Vacation #2
Počitniški #2

Airport	Letališče
Beach	Plaža
Camping	Kampiranje
Destination	Cilj
Foreign	Tuj
Foreigner	Tujec
Holiday	Počitnice
Hotel	Hotel
Island	Otok
Journey	Potovanje
Leisure	Prosti Čas
Map	Zemljevid
Mountains	Gore
Passport	Potni List
Sea	Morje
Taxi	Taksi
Tent	Šotor
Train	Vlak
Transportation	Prevoz
Visa	Vizum

Vegetables
Zelenjava

Artichoke	Artičoka
Broccoli	Brokoli
Carrot	Korenje
Cauliflower	Cvetača
Celery	Zelena
Cucumber	Kumara
Eggplant	Jajčevec
Garlic	Česen
Ginger	Ingver
Mushroom	Goba
Onion	Čebula
Parsley	Peteršilj
Pea	Grah
Pumpkin	Buče
Radish	Redkev
Salad	Solata
Shallot	Šalotka
Spinach	Špinača
Tomato	Paradižnik
Turnip	Repa

Vehicles
Vozila

Airplane	Letalo
Ambulance	Ambulanta
Bicycle	Kolo
Boat	Čoln
Bus	Avtobus
Car	Avto
Caravan	Karavana
Ferry	Trajekt
Helicopter	Helikopter
Motor	Motor
Raft	Splav
Rocket	Raketa
Scooter	Skuter
Submarine	Podmornica
Taxi	Taksi
Tires	Pnevmatike
Tractor	Traktor
Train	Vlak
Truck	Tovornjak
Van	Van

Visual Arts
Vizualne Umetnosti

Architecture	Arhitektura
Artist	Umetnik
Ceramics	Keramika
Chalk	Kreda
Charcoal	Oglje
Clay	Glina
Composition	Sestava
Creativity	Ustvarjalnost
Easel	Stojalo
Film	Film
Masterpiece	Mojstrovina
Painting	Slika
Pen	Pen
Pencil	Svinčnik
Perspective	Perspektiva
Photograph	Fotografija
Portrait	Portret
Pottery	Lončarstvo
Sculpture	Skulptura
Wax	Vosek

Water
Voda

Canal	Kanal
Damp	Vlažno
Evaporation	Izparevanje
Flood	Poplava
Frost	Zmrzal
Geyser	Gejzir
Humidity	Vlažnost
Hurricane	Orkan
Ice	Led
Irrigation	Namakanje
Lake	Jezero
Moisture	Vlaga
Monsoon	Monsun
Ocean	Ocean
Rain	Dež
River	Reka
Shower	Prha
Snow	Sneg
Steam	Para
Waves	Valovi

Weather
Vreme

Atmosphere	Atmosfera
Breeze	Vetrič
Climate	Podnebje
Cloud	Oblak
Drought	Suša
Dry	Suha
Fog	Megla
Hurricane	Orkan
Ice	Led
Lightning	Strele
Monsoon	Monsun
Polar	Polarni
Rainbow	Mavrica
Sky	Nebo
Storm	Nevihta
Temperature	Temperatura
Thunder	Grom
Tornado	Tornado
Tropical	Tropski
Wind	Veter

Congratulations

You made it!

We hope you enjoyed this book as much as we enjoyed making it. We do our best to make high quality games.
These puzzles are designed in a clever way for you to learn actively while having fun!

Did you love them?

A Simple Request

Our books exist thanks your reviews. Could you help us by leaving one now?

Here is a short link which will take you to your order review page:

BestBooksActivity.com/Review50

MONSTER CHALLENGE!

Challenge #1

Ready for Your Bonus Game? We use them all the time but they are not so easy to find. Here are **Synonyms**!

Note 5 words you discovered in each of the Puzzles noted below (#21, #36, #76) and try to find 2 synonyms for each word.

Note 5 Words from *Puzzle 21*

Words	Synonym 1	Synonym 2

Note 5 Words from *Puzzle 36*

Words	Synonym 1	Synonym 2

Note 5 Words from *Puzzle 76*

Words	Synonym 1	Synonym 2

Challenge #2

Now that you are warmed-up, note 5 words you discovered in each Puzzle noted below (#9, #17, #25) and try to find 2 antonyms for each word. How many lines can you do in 20 minutes?

Note 5 Words from *Puzzle 9*

Words	Antonym 1	Antonym 2

Note 5 Words from *Puzzle 17*

Words	Antonym 1	Antonym 2

Note 5 Words from *Puzzle 25*

Words	Antonym 1	Antonym 2

Challenge #3

Wonderful, this monster challenge is nothing to you!

Ready for the last one? Choose your 10 favorite words discovered in any of the Puzzles and note them below.

1.	6.
2.	7.
3.	8.
4.	9.
5.	10.

Now, using these words and within a maximum of six sentences, your challenge is to compose a text about a person, animal or place that you love!

Tip: You can use the last blank page of this book as a draft!

Your Writing:

Explore a Unique Store
Set Up **FOR YOU!**

NOTEBOOK:

SEE YOU SOON!

Linguas Classics Team

ENJOY FREE GAMES

NOW ON

↓

BESTACTIVITYBOOKS.COM/FREEGAMES